영어 리딩 학습의 최종 목표는 논픽션 독해력 향상에 있습니다.

학년이 올라갈수록 영어 시험 출제의 비중이 높이[...] 리딩을 통해 다양한 분야의 어휘와 지식을 습득하고 문제 해결 [...] 생활 속 실용문과 시험 상황의 복잡한 지문을 이해하고 분석하며, 나에게 필요한 정보를 가려는 연습을 할 수 있습니다. 논픽션 독해력은 비판적 사고와 논리적 사고를 발전시키고, 영어로 표현된 아이디어를 깊이 있게 이해하고 효과적으로 소통하는 언어 능력을 갖출 수 있도록 도와줍니다.

미국교과서는 논픽션 리딩에 가장 적합한 학습 도구입니다.

미국교과서는 과학, 사회과학, 역사, 예술, 문학 등 다양한 주제의 폭넓은 지식과 이해를 제공하며, 사실을 그대로 받아들이는 능력뿐만 아니라 텍스트 너머의 맥락에 대한 비판적 사고와 분석 능력도 함께 배울 수 있도록 구성되어 있습니다. 미국 교과과정 주제의 리딩을 통해 학생들은 현실적인 주제를 탐구하고, 아카데믹한 어휘를 학습하면서 논리적 탐구의 방법을 함께 배울 수 있습니다. 미국교과서는 논픽션 독해력 향상을 위한 최고의 텍스트입니다.

탁월한 논픽션 독해력을 원한다면
미국교과서 READING 시리즈

(1) 미국교과서의 핵심 주제들을 엄선하여 담은 지문을 읽으며 **독해력**이 향상되고 **배경지식**이 쌓입니다.

(2) 가지고 있는 지식과 새로운 정보를 연결해 내 것으로 만드는 **통합사고력**을 기를 수 있습니다.

(3) 꼼꼼히 읽고 완전히 소화할 수 있도록 하는 수준별 독해 훈련으로 **문제 해결력**이 향상됩니다.

(4) 기초 문장 독해에서 추론까지, 학습자의 **수준별로 선택하여 학습**할 수 있도록 난이도를 설계하였습니다.

(5) 스스로 계획하고 점검하며 실력을 쌓아가는 **자기주도력**이 형성됩니다.

Author Contents Tree

Contents Tree serves as a distinguished English education laboratory devoted to supporting both English instructors and students. With years of experience in developing English programs, Contents Tree is committed to publishing a variety of teaching materials, including detailed manuals tailored for instructors, all aimed at enhancing the learning experience for students.

미국교과서 READING LEVEL 5 ❷
American Textbook Reading *Second Edition*

Second Published on March 11, 2024
First Published on June 19, 2015

Written by Contents Tree
Editorial Manager Namhui Kim
Development Editors Songhyun Park, Heeju Park
Proofreading Ryan P. Lagace
Design Sanghee Park, Hyeonsook Lee
Typesetting Yeon Design
Recording Studio YR Media
Photo Credit Photos.com, Shutterstcok.com

Published and distributed by Gilbutschool
56, Worldcup-ro 10-gil, Mapo-gu, Seoul, Korea, 04003
Tel 02-332-0931
Fax 02-322-0586
Homepage www.gilbutschool.co.kr
Publisher Jongwon Lee

ISBN 979-11-6406-699-5 (64740)
         979-11-6406-697-1 (set)
(Gilbutschool code : 30570)

R미국교과서 리딩
READING

LEVEL 5 ②

길벗스쿨

1 미국 교과과정 핵심 주제별 배경지식과 어휘를 학습합니다.

과학, 사회, 역사, 수학, 문학 등 미국 초등 교과과정의 필수 학습 주제를 선별하여 구성한 지문을 읽으며 논픽션 리딩 실력의 기틀을 마련하고 배경지식과 관련 어휘를 습득할 수 있습니다.

2 장문 독해 연습으로 주제에 대해 더욱 깊이 이해하고 구조화하는 고급 독해력을 기릅니다.

장문 독해는 주제의 다양한 측면을 탐구하고, 정보를 구조화하여 효과적으로 파악하는 능력을 강화하는 데 도움이 됩니다. 긴 텍스트를 읽고 분석·정리하는 과정에서 핵심 개념과 주요 아이디어를 시각화하고, 리딩스킬을 활용하는 능력을 기를 수 있습니다.

3 정확한 내용 이해에 도움을 주는 문법 요소를 학습합니다.

지문 속 주요 문법 요소 학습을 통해 문장의 구조를 파악하고 문맥을 이해하는 능력이 향상됩니다. 바른 해석과 정확한 문제 풀이로 독해에 더욱 자신감이 생깁니다.

4 Level Up 유형으로 상위권 독해 문제에 도전하여 문제 해결력을 높입니다.

추론, 문장 삽입, 의도 파악 등 영어 시험에서 오답률이 높은 상위 수준의 문제 유형을 도입하여 더 도전적인 난이도를 제공하였습니다. 깊이 있는 사고력을 요구하는 문제를 풀며 다양한 관점에서 문제를 바라볼 수 있는 시야를 기르고 더 높은 수준의 독해력을 기르게 됩니다.

5 2단계에 걸친 Summary 활동으로 핵심 어휘를 복습하고 내용을 정리하는 훈련을 통해 통합적 사고력을 기릅니다.

핵심 내용을 식별하고 시각적으로 정리함으로써 문단 간의 관계와 글의 구성 및 흐름을 파악하는 리딩스킬이 향상됩니다. 요약 활동을 통해 정보를 효과적으로 전달하는 능력과 학습한 어휘를 활용하는 능력이 향상됩니다.

Week 1

UNIT 1	UNIT 2	UNIT 3	UNIT 4	UNIT 5	UNIT 6

Week 2

REVIEW TEST	UNIT 7	UNIT 8	UNIT 9	UNIT 10	UNIT 11

Week 3

UNIT 12	REVIEW TEST	UNIT 13	UNIT 14	UNIT 15	UNIT 16

Week 4

REVIEW TEST	UNIT 17	UNIT 18	UNIT 19	UNIT 20	REVIEW TEST

이 책의 구성과 학습법

Before Reading

논픽션 주제와 관련된 이미지를 보고 간단한 배경지식 확인 활동을 통해 글의 내용을 예측합니다.

Warm Up
▶ 글의 제목과 사진을 통해 내용을 예측하고, 지문 속에서 학습하게 될 리딩스킬을 미리 확인합니다.

Check Your Background Knowledge
▶ 주제에 관련된 문장을 읽고, 문맥에 알맞은 말을 찾아보며 이미 가지고 있는 배경지식을 활성화합니다.

Reading

미국교과서 핵심 주제의 논픽션 글을 읽으며 교과 지식과 독해력을 쌓습니다.

• QR코드를 스캔하여 정확한 발음 확인하기

Comprehension Checkup
▶ 글을 정확하게 이해했는지 다양한 문제로 확인합니다.

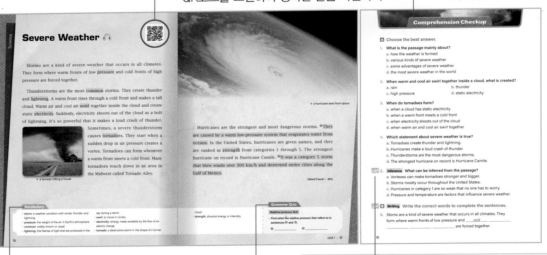

Reading Passage
▶ 음원을 들으면서 중심 내용과 세부 내용을 파악하고, 강조 표시된 중요 단어의 의미를 떠올립니다.

Vocabulary
▶ 지문 속 중요 단어를 듣고, 영영풀이와 본책 맨 뒤의 단어리스트를 활용하여 의미를 확인합니다.

Grammar Quiz
▶ 간단한 문법 확인 문제를 통해 문장 속 문법 요소의 쓰임을 확인합니다.

Level Up
1) 추론, 문장 삽입, 글의 의도 파악 등 깊이 있는 사고력을 요하는 문제 유형을 통해 상위권 독해 문제를 경험합니다.
2) 읽은 내용을 한두 문장으로 요약하는 쓰기 활동을 통해 핵심 내용을 추출하고, 그 내용을 효과적으로 전달하는 문장 구성 연습을 합니다.

After Reading

단어와 문법 요소를 점검하고,
전체 내용을 요약하며 정리합니다.

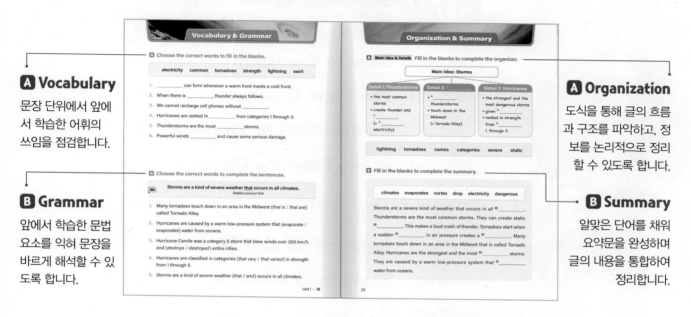

A Vocabulary

문장 단위에서 앞에서 학습한 어휘의 쓰임을 점검합니다.

B Grammar

앞에서 학습한 문법 요소를 익혀 문장을 바르게 해석할 수 있도록 합니다.

A Organization

도식을 통해 글의 흐름과 구조를 파악하고, 정보를 논리적으로 정리할 수 있도록 합니다.

B Summary

알맞은 단어를 채워 요약문을 완성하며 글의 내용을 통합하여 정리합니다.

Review

4개 유닛마다 주요 단어의 쓰임과 문법을 복습합니다.

Workbook

배운 단어의 영영 풀이와 문법을 복습합니다.

〈권말 부록〉 단어리스트

무료 온라인 학습 자료 길벗스쿨 e클래스(eclass.gilbut.co.kr)에 접속하시면 〈미국교과서 READING〉 시리즈에 대한 상세 정보 및 부가학습 자료를 무료로 이용하실 수 있습니다.

① 음원 스트리밍 및 MP3 파일 ② 추가 워크시트 5종 (단어 테스트 2종, 해석 테스트, 문장 쓰기, 지문 완성하기)
③ 복습용 온라인 퀴즈 (단어 퀴즈, 내용 확인 퀴즈)

Part 1 Science

UNIT 01	**Severe Weather**	15
UNIT 02	**The Four Seasons**	21
UNIT 03	**Rainforests of the Sea**	27
UNIT 04	**What Flowers Do**	33
Review Test		39
UNIT 05	**Butterflies and Moths**	41
UNIT 06	**Stars and Planets**	47
UNIT 07	**Volcanoes**	53
UNIT 08	**Sound**	59
Review Test		65

Part 2 Social Studies

UNIT 09	**The Rocky Mountains**	69
UNIT 10	**The Great Wall of China**	75
UNIT 11	**George Washington: The First President**	81
UNIT 12	**Martin Luther King**	87
Review Test		93

UNIT 13	**Immigrants to America**	95
UNIT 14	**The Civil War**	101
UNIT 15	**Recycling: A Way to Save**	107
UNIT 16	**Who Is Santa Claus?**	113

Review Test · · · · · · · · · · · · · · · · 119

Part 3 ▶ Language Arts & Math

UNIT 17	**The Ten Suns**	123
UNIT 18	**Tikki Tikki Tembo**	129
UNIT 19	**Using Estimation Strategies**	135
UNIT 20	**They Travel in Fives**	141

Review Test · · · · · · · · · · · · · · · · 147

Workbook & Answer Key 별책

SUBJECT	UNIT	TOPIC	VOCABULARY	GRAMMAR
SCIENCE	01	**Weather and Climate**	storm, pressure, common, lightning, swirl, electricity, tornado, strength	Relative pronoun *that*
SCIENCE	02	**Seasons**	frosty, axis, tilt, sunray, below, chirp, cool off, shade	Conjunction *as*
SCIENCE	03	**Ecosystems**	terrific, seaweed, substance, skeleton, shallow, byproduct, essential, ecosystem	Conjunction *that*
SCIENCE	04	**Plants**	medicine, pollinate, petal, liquid, stick, spread, ovary, fleshy	Pronoun *some*
SCIENCE	05	**Animals**	similar, caterpillar, spike, camouflage, mostly, shell, attract, bottom	What a conjunction connects
SCIENCE	06	**The Solar System**	dot, medium, shine, appear, universe, center, compare, object	Adverbs: *so, very, much*
SCIENCE	07	**Geology**	erupt, molten, lava, harden, push, active, earthquake, ash	Auxiliary verbs: *can, may*
SCIENCE	08	**Matter**	thunder, vacuum, astronaut, high-pitched, language, barrier, sonic, boom	Gerund vs. Present participle
SOCIAL STUDIES	09	**Earth's Physical Geography**	range, extend, rugged, evergreen, resource, valuable, wire, national	Passive voice (be+p.p.)
SOCIAL STUDIES	10	**World History**	immense, at once, kingdom, seize, conquer, emperor, dynasty, invader	Subject-verb agreement
SOCIAL STUDIES	11	**Figures in American History**	prominent, military, serve, devoted, general, commander, unfair, integrity	Past participle

SUBJECT	UNIT	TOPIC	VOCABULARY	GRAMMAR
SOCIAL STUDIES	12	**Figures in American History**	equality, racism, boycott, peaceful, demonstration, treatment, pursuit, justice	Verbs with to-infinitive objects
	13	**American History**	background, contribution, fortune, ordinary, plentiful, will, ethnic, coexist	Prepositions and conjunctions related to 'time'
	14	**American History**	explode, right, labor, plantation, interfere, surrender, immediately, preserve	Gerund (V+ing)
	15	**Environment**	disappear, reduce, garbage, landfill, pollution, separate, collection, barren	Impersonal pronoun *it*
	16	**Culture**	fill, originally, settler, subject, literature, mythology, gain, beard	Interrogative
LANGUAGE ARTS	17	**Legend**	bear, horizon, offer, company, agree, dawn, wither, damage	Past progressive
	18	**Folktale**	fetch, dash, comprehend, servant, rescue, recover, ordeal, convention	Adverbs
MATH	19	**Estimation**	flamingo, case, approximate, quantity, involve, sensible, benchmark, determine	Auxiliary verbs: *may, can*
	20	**Counting**	reasonable, instruct, fit, approach, yell, respond, gather, chant	Interrogative+ to-infinitive

핵심 대주제를 하위 단계에서부터 반복하여 다루며, 점진적으로 내용이 발전되도록 구성하였습니다.
연계 단원으로 가서 배경지식을 확인하고 복습할 때 활용하세요.

	Unit Title	Linked Units	TOPIC
01	Severe Weather	Level 4-3 Unit 1 Weather	Weather and Climate
02	The Four Seasons	Level 4-3 Unit 3 Spring and Summer	Seasons
03	Rainforests of the Sea	Level 4-2 Unit 2 Water Habitats	Ecosystems
04	What Flowers Do	Level 4-1 Unit 3 Flowers, Seeds, and Fruits	Plants
05	Butterflies and Moths	Level 3-2 Unit 4 Insects	Animals
06	Stars and Planets	Level 3-2 Unit 1 The Sun	The Solar System
07	Volcanoes	Level 4-2 Unit 3 What Earth Looks Like	Geology
08	Sound	Level 3-1 Unit 15 Music	Matter
09	The Rocky Mountains	Level 3-2 Unit 12 North America	Earth's Physical Geography
10	The Great Wall of China	Level 3-2 Unit 9 Asia	World History
11	George Washington: The First President	Level 4-3 Unit 11 George Washington	Figures in American History
12	Martin Luther King	Level 4-3 Unit 12 Benjamin Franklin	Figures in American History
13	Immigrants to America	Level 3-3 Unit 10 America's Past	American History
14	The Civil War	Level 3-3 Unit 12 Slavery	American History
15	Recycling: A way to Save	Level 4-2 Unit 6 Earth's Resources	Environment
16	Who Is Santa Claus?	Level 4-3 Unit 4 Fall and Winter	Culture
17	The Ten Suns	Level 4-3 Unit 5 The Sky Above	Legend
18	Tikki Tikki Tembo	Level 4-1 Unit 7 Families and Changes	Folktale
19	Using Estimation Strategies	Level 5-1 Unit 20 A Smart Counter	Estimation
20	They Travel in Fives	Level 3-1 Unit 19 Counting Level 4-1 Unit 19 Ordinal Numbers	Counting

PART 1

Science

Unit 1 Severe Weather

Unit 2 The Four Seasons

Unit 3 Rainforests of the Sea

Unit 4 What Flowers Do

Unit 5 Butterflies and Moths

Unit 6 Stars and Planets

Unit 7 Volcanoes

Unit 8 Sound

Severe Weather

✔ *Check Your Background Knowledge*

Circle the correct words.

1. Weather is what the (*sky* / *map*) and air are like.
2. Weather includes (*times* / *clouds*), wind, and snow.
3. Weather is affected by (*energy* / *instruments*) from the sun.

Severe Weather

Storms are a kind of severe weather that occurs in all climates. They form where warm fronts of low pressure and cold fronts of high pressure are forced together.

Thunderstorms are the most common storms. They create thunder and lightning. A warm front rises through a cold front and makes a tall cloud. Warm air and cool air swirl together inside the cloud and create static electricity. Suddenly, electricity shoots out of the cloud as a bolt of lightning. It's so powerful that it makes a loud crash of thunder.

▲ a tornado hitting a house

Sometimes, a severe thunderstorm causes tornadoes. They start when a sudden drop in air pressure creates a vortex. Tornadoes can form whenever a warm front meets a cold front. Many tornadoes touch down in an area in the Midwest called Tornado Alley.

Vocabulary

- **storm:** a weather condition with winds, thunder, and lightning
- **pressure:** the weight of the air in Earth's atmosphere
- **common:** widely known or usual
- **lightning:** the flashes of light that are produced in the sky during a storm
- **swirl:** to move in circles
- **electricity:** energy made available by the flow of an electric charge
- **tornado:** a destructive storm in the shape of a funnel

▲ a hurricane seen from space

Hurricanes are the strongest and most dangerous storms. ❶They are caused by a warm low-pressure system that evaporates water from oceans. In the United States, hurricanes are given names, and they are ranked in strength from categories 1 through 5. The strongest hurricane on record is Hurricane Camile. ❷It was a category 5 storm that blew winds over 300 km/h and destroyed entire cities along the Gulf of Mexico.

(Word Count ▶ 201)

cloud
• **strength:** physical energy or intensity

Grammar Quiz

Relative pronoun *that*

• **Find what the relative pronoun *that* refers to in sentences ❶ and ❷.**

❶ _____   ❷ _____

A **Choose the best answer.**

1. **What is the passage mainly about?**
   a. how the weather is formed
   b. various kinds of severe weather
   c. some advantages of severe weather
   d. the most severe weather in the world

2. **When warm and cool air swirl together inside a cloud, what is created?**
   a. rain
   b. thunder
   c. high pressure
   d. static electricity

3. **When do tornadoes form?**
   a. when a cloud has static electricity
   b. when a warm front meets a cold front
   c. when electricity shoots out of the cloud
   d. when warm air and cool air swirl together

4. **Which statement about severe weather is true?**
   a. Tornadoes create thunder and lightning.
   b. Hurricanes make a loud crash of thunder.
   c. Thunderstorms are the most dangerous storms.
   d. The strongest hurricane on record is Hurricane Camile.

LEVEL UP! 5. **Inference** **What can be inferred from the passage?**
   a. Vortexes can make tornadoes stronger and bigger.
   b. Storms mostly occur throughout the United States.
   c. Hurricanes in category 1 are so weak that no one has to worry.
   d. Pressure and temperature are factors that influence severe weather.

LEVEL UP! **B** **Writing** **Write the correct words to complete the sentences.**

6. Stoms are a kind of severe weather that occurs in all climates. They
   form where warm fronts of low pressure and ____*cold*____ _____
   _____ _____ _____ are forced together.

A Choose the correct words to fill in the blanks.

electricity	common	tornadoes	strength	lightning	swirl

1. _____ can form whenever a warm front meets a cold front.

2. When there is _____, thunder always follows.

3. We cannot recharge cell phones without _____.

4. Hurricanes are ranked in _____ from categories 1 through 5.

5. Thunderstorms are the most _____ storms.

6. Powerful winds _____ and cause some serious damage.

B Choose the correct words to complete the sentences.

> **ex.** **Storms are a kind of severe weather <u>that</u> occurs in all climates.**
> *Relative pronoun that*

1. Many tornadoes touch down in an area in the Midwest (*that is* / *that are*) called Tornado Alley.

2. Hurricanes are caused by a warm low-pressure system that (*evaporate* / *evaporates*) water from oceans.

3. Hurricane Camile was a category 5 storm that blew winds over 300 km/h and (*destroys* / *destroyed*) entire cities.

4. Hurricanes are classified in categories (*that vary* / *that varied*) in strength from 1 through 5.

5. Storms are a kind of severe weather (*that* / *and*) occurs in all climates.

A **Main Idea & Details** Fill in the blanks to complete the organizer.

Main Idea: Storms

Detail 1: Thunderstorms

- the most common storms
- create thunder and 1._____ (= 2._____ electricity)

Detail 2: 3._____

- 4._____ thunderstorms
- touch down in the Midwest (= Tornado Alley)

Detail 3: Hurricanes

- the strongest and the most dangerous storms
- given 5._____
- ranked in strength from 6._____ 1 through 5

lightning   tornadoes   names   categories   severe   static

B Fill in the blanks to complete the summary.

climates   evaporates   vortex   drop   electricity   dangerous

Storms are a severe kind of weather that occurs in all ❶_____. Thunderstorms are the most common storms. They can create static ❷_____. This makes a loud crash of thunder. Tornadoes start when a sudden ❸_____ in air pressure creates a ❹_____. Many tornadoes touch down in an area in the Midwest that is called Tornado Alley. Hurricanes are the strongest and the most ❺_____ storms. They are caused by a warm low-pressure system that ❻_____ water from oceans.

The Four Seasons

✔ *Check Your Background Knowledge*

Circle the correct words.

1. A season is a time of (*day* / *year*).

2. In spring, the weather gets (*warmer* / *brighter*) because the earth is tilted toward the sun.

3. At the summer solstice, the day is the longest, and the night is the (*darkest* / *shortest*).

The Four Seasons 🎧

From sunny summer to frosty winter, we have four seasons. Earth's orbit and tilt on its axis make four different levels of sun energy, creating four seasons.

When Earth's axis tilts away from the sun, it cannot receive many sunrays. That is why winter is the coldest of the four seasons. Snow covers the ground, and temperatures fall below zero. (A) Children look forward to building snowmen and skating on the ice. (B)

❶ As Earth tilts toward the sun, it receives more sunrays. Thus, the days get longer and warmer. The birds start chirping in spring as nature wakes up from winter's sleep. Green leaves grow on the trees, and children happily ride their bicycles.

Vocabulary

- **frosty:** cold enough to produce frost
- **axis:** the line about which a rotating body, such as the earth, turns
- **tilt:** to lift or move (something) so that one side is higher than another side
- **sunray:** a ray of sunlight
- **below:** in or to a place that is lower

Soon, summer comes with hot and humid weather. The reason is that Earth's axis is tilted toward the sun. Of the four seasons, Earth receives the most sunrays in summer. Sunflowers reach for the sun, and families visit seaside beaches to cool off. (C)

❷As Earth keeps moving, autumn turns summer's green to many shades of orange, yellow, and brown. Summer is now over, and leaves fall to the ground. Farmers harvest their crops, and the markets are filled with food. (D)

(Word Count ▶ 193)

- **chirp:** to make high-pitched sounds
- **cool off:** to lower one's temperature when it's too hot
- **shade:** a quality of a given color that differs slightly from another color

Grammar Quiz

Conjunction *as*

- **Find the conjunctions in sentences ❶ and ❷.**

❶ _____

❷ _____

Comprehension Checkup

A **Choose the best answer.**

1. **What is the passage mainly about?**
   a. everyone's favorite season
   b. what the sun does for Earth
   c. what we have to do each season
   d. the four seasons and their features

2. **When does Earth receive few sunrays?**
   a. when the days get longer
   b. when Earth orbits the sun
   c. when Earth's axis tilts toward the sun
   d. when Earth's axis tilts away from the sun

3. **What happens as Earth tilts toward the sun?**
   a. It starts chirping.   b. It has four seasons.
   c. It receives more sunrays.   d. It creates many fun things.

4. **Which statement about the seasons is true?**
   a. Farmers harvest their crops in spring.
   b. The days get longer and warmer in fall.
   c. Earth receives the most sunrays in summer.
   d. Winter comes when Earth's axis is tilted toward the sun.

LEVEL UP! 5. **Insertion** **Where could the following sentence be added?**

   Everyone gets ready for winter.

   a. (A)   b. (B)   c. (C)   d. (D)

LEVEL UP! **B** **Writing** **Write the correct words to complete the sentence.**

6. Earth's _____ _and_ _____ on its axis make four different
   levels of sun energy, creating the _____ _____.

Vocabulary & Grammar

A Choose the correct words to fill in the blanks.

frosty	axis	sunrays	below	chirping	shades

1. Summer has the strongest _____.

2. In winter, temperatures often fall _____ -3℃.

3. The birds are _____ as they wake up from their winter sleep.

4. Earth's _____ tilts away from the sun in winter.

5. Some fruits have different _____ of red.

6. From sunny summer and to _____ winter, we have four seasons.

B Choose the appropriate places for the conjunction *as(As)*.

> **ex.** **<u>As</u> Earth tilts toward the sun, it receives more sunrays.**
> *Conjunction as*

1. ① Winter comes, ② it gets colder ③.

2. ① Earth tilts toward ② the sun, ③ it receives more sunrays.

3. ① The birds start chirping ② in spring ③ nature wakes up from winter's sleep.

4. ① It gets hotter ② Earth's axis tilts toward ③ the sun.

5. ① Earth keeps moving, ② autumn turns summer's green ③ to many shades.

Organization & Summary

A **Categorizing** Fill in the blanks to complete the organizer.

The Four Seasons				
	Spring	Summer	Autumn	Winter
Earth's Axis	tilting 1. _____ the sun	tilting more toward the sun		tilting 5. _____ the sun
Weather Conditions	warm	2. _____ the most sunrays		snowy, below 6. _____ temperatures
What Happens	The birds start chirping. Green leaves grow.	Sunflowers 3. _____ for the sun.	Leaves 4. _____ to the ground.	Children look forward to building snowmen.

fall	toward	receiving	zero	away from	reach

B Fill in the blanks to complete the summary.

keeps	sunrays	orbit	seasons	winter	coldest

Earth's ❶ _____ and tilt on its axis make four different levels of sun energy, which creates the four ❷ _____. When Earth's axis tilts away from the sun, it cannot receive many sunrays. That's why winter is the ❸ _____ of the four seasons. As Earth's axis tilt more toward the sun, it receives more ❹ _____. The days get longer and warmer. Earth receives the most sunrays in summer. Earth ❺ _____ moving, and summer ends. Everyone gets ready for ❻ _____.

Rainforests of the Sea

✔ *Check Your Background Knowledge*

Circle the correct words.

1. There are water (*lakes* / *habitats*) for animals and plants.
2. An (*river* / *ocean*) is a very large and deep body of salt water.
3. Many mammals, fish, and (*plants* / *places*) live in oceans.

Rainforests of the Sea

Coral reefs are called the rainforests of the sea. They provide terrific views of tropical fish and seaweed. They are home to a large number of sea creatures.

❶Many people think that coral reefs are sea plants or even rocks. However, coral reefs are formed from millions of tiny animals that are called coral polyps. Coral polyps live together in groups. They produce a substance that turns into hard skeletons. The hard skeletons fill up the reefs over time.

▲ tropical fish

Corals can grow in shallow tropical water where the sunrays reach them. The reason is that corals depend on algae for their nutrients. Corals get their nutrients from the byproducts of algae's photosynthesis, in which sunlight is essential.

Vocabulary

- **terrific:** extraordinarily good or great
- **seaweed:** a plant such as marine algae that grows in the sea
- **substance:** a material of a particular kind
- **skeleton:** the structure of bones that supports the body of a person or animal
- **shallow:** not deep or strong

Coral reefs are one part of a very important ecosystem. They provide food and shelter for thousands of ocean plants and animals. ❷It is believed that a quarter of all the ocean's animals live there. Coral reefs also provide good habitats for the tiny fish and shrimp known as the cleaners of the sea. These tiny creatures clean the sea by eating parasites on larger fish.

Today, coral reefs are endangered because of pollution and fishing. We should think of some ways to preserve them for both sea creatures and us.

(Word Count ▶ 208)

Various Corals

▲ Brain coral

▲ Spiral coral

▲ Pillar coral

- **byproduct:** a product made during the manufacture of something else
- **essential:** absolutely necessary
- **ecosystem:** everything that exists in a particular environment

Grammar Quiz

Conjunction *that*

- **Find the that-clause in sentences ❶ and ❷.**

  ❶ _____

  ❷ _____

A **Choose the best answer.**

1. **What is this passage mainly about?**
    a. an ocean ecosystem
    b. the roles of sea creatures
    c. the features and importance of coral reefs
    d. several misunderstandings about coral reefs

2. **What is necessary for corals to get nutrients?**
    a. algae
    b. skeletons
    c. larger fish
    d. coral polyps

3. **How do tiny fish and shrimp clean the sea?**
    a. through photosynthesis
    b. by filling up reefs over time
    c. by turning into hard skeletons
    d. by eating parasites on larger fish

4. **Which statement about coral reefs is not true?**
    a. They provide good habitats for tiny fish.
    b. They make byproducts from the algae's nutrients.
    c. They are formed from millions of tiny coral polyps.
    d. They are endangered because of pollution and fishing.

LEVEL UP! 5. **Inference** **What can be inferred from the passage?**
    a. Coral reefs have hard crusts.
    b. Coral reefs prefer warm seawater.
    c. Many people collect coral reefs for terrific views.
    d. A quarter of all the ocean's animals get nutrients from coral reefs.

LEVEL UP! **B** **Writing** **Write the correct words to complete the sentence.**

6. We should think of some ways to preserve coral reefs for both _____*sea*_____
    _____ _____ _____.

30

Vocabulary & Grammar

A **Choose the correct words to fill in the blanks.**

terrific	byproducts	ecosystem	shallow	essential	substance

1. Coral polyps produce a _____ that turns into hard skeletons.

2. Corals grow in _____ tropical water, and sunrays can reach them there.

3. Corals get their nutrients from the _____ of algae's photosynthesis.

4. Seaweed is a rich source of _____ minerals.

5. Coral reefs give _____ views of tropical fish.

6. Coral reefs are one part of a very important _____.

B **Write "C" if the underlined *that* is a conjunction, or write "R" if it is a relative pronoun.**

> **ex.**
> **Many people think that coral reefs are sea plants or even rocks.**
> *Conjunction that*

1. Coral reefs are formed from millions of tiny animals <u>that</u> are called coral polyps. _____

2. They produce a substance <u>that</u> turns into hard skeletons. _____

3. The reason is <u>that</u> corals depend on algae for their nutrients. _____

4. It is believed <u>that</u> a quarter of all the ocean's animals live there. _____

5. Coral reefs provide good habitats for the tiny fish <u>that</u> are known as the cleaners of the sea. _____

A Main Idea & Details **Fill in the blanks to complete the organizer.**

Main Idea: **The Roles of Coral Reefs in the Ecosystem**

Detail 1: Features of Coral Reefs	Detail 2: The Environment Coral Reefs Need	Detail 3: Coral Reefs' Effect
• formed from coral polyps (= 1._____ animals) • The hard skeletons from coral polyps 2._____ up the reefs.	• shallow 3._____ water • 4._____ • algae's photosynthesis	• provides food and 5._____ for sea creatures • good habitats for tiny fish and 6._____

tropical   fill   tiny   shelter   shrimp   sunrays

B **Fill in the blanks to complete the summary.**

cleaners   turns   preserve   creatures   provide   important

Coral reefs are home to a large number of sea ❶_____. They are formed from millions of tiny animals that are called coral polyps. They produce a substance that ❷_____ into hard skeletons. The skeletons fill up the reefs over time. Coral reefs are one part of a very ❸_____ ecosystem. They ❹_____ food and shelter for thousands of sea creatures. They provide good habitats for the tiny fish and shrimp known as the sea ❺_____. We should think of some ways to ❻_____ them for both sea creatures and us.

What Flowers Do

✔ *Check Your Background Knowledge*

Circle the correct words.

1. Flowers contain the part that produces (*roots* / *seeds*).
2. When a seed is ready to develop, it needs water, air, and (*pots* / *warmth*).
3. Seeds carry the (*food* / *colors*) that helps the new plant begin to grow.

What Flowers Do

Flowers are used to celebrate events and to make things beautiful. Some flowers are even eaten as medicine or drunk as tea. But the most important thing that flowers do is to produce seeds that become new plants.

To make fruits, each plant needs to be pollinated. But most flowers cannot pollinate themselves. Insects help them. Flowers attract insects with their beautiful petals and the smell of sweet nectar.

▲ A honey bee collects flower nectar.

Insects land on flowers to drink this sweet liquid. When they land on male flowers, pollen sticks to their bodies. Pollen is a powder found on male flowers. When insects fly from flower to flower, they spread the pollen. The pollen from a male flower fertilizes a female flower.

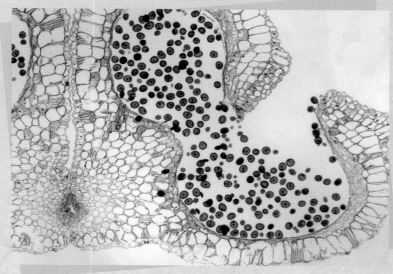

▲ the pollen sac of a lily

After a female flower is pollinated, new seeds form in its ovary. One way these seeds will become new plants is when farmers plant them in the ground. ❶Some of them can easily become new plants after the wind blows and spreads them around. By the time the seeds begin to form, the flower dies, but its ovary develops into a fruit, nut, or grain. ❷Some are fleshy fruits such as apples. Others are hard, dry nuts or grains of wheat.

(Word Count ▶ 199)

- **spread:** to distribute or disperse widely
- **ovary:** the part of a flower where seeds are formed
- **fleshy:** juicy, as a fruit

Grammar Quiz

Pronoun *some*

- **Find what the word *some* in sentences ❶ and ❷ refer to in the previous sentences.**

   ❶ _____   ❷ _____

Comprehension Checkup

A **Choose the best answer.**

1. **What is this passage mainly about?**
   a. a variety of flowers
   b. various kinds of pollination
   c. when and how people need flowers
   d. the roles of flowers to produce seeds

2. **Why do flowers have beautiful petals and sweet nectar?**
   a. to make the ovary bigger
   b. to help insects to find food
   c. to produce enough pollen to be pollinated
   d. to attract insects which help them to pollinate

3. **When a flower dies, what happens to its ovary?**
   a. It spreads the pollen.
   b. It spreads seeds through the wind.
   c. It develops into a fruit, nut, or grain.
   d. It pollinates itself to produce new flowers.

4. **Which statement about flowers is not true?**
   a. Seeds are made in ovaries.
   b. Seeds are only spread by insects.
   c. By the time the seeds begin to form, the flower dies.
   d. Some flowers are used to celebrate events and drunk as tea.

LEVEL UP! 5. **Purpose** **Why does the author mention that some flowers are used as medicine?**
   a. to argue that flowers have no use
   b. to stress the most important role of flowers
   c. to give an example of various uses of flowers
   d. to give an example of a natural source of medicine

LEVEL UP! **B** **Writing** **Write the correct words to complete the sentence.**

6. The most important thing that flowers do is to __*produce*__ _____
   that __*become*__ _____ _____.

Vocabulary & Grammar

A Choose the correct words to fill in the blanks.

petals	medicine	pollinate	spread	ovary	fleshy

1. Flowers attract insects with their beautiful _____ and the smell of sweet nectar.

2. An _____ is where new seeds form.

3. Wild plants have been used for _____ and food for thousands of years.

4. Some ovaries develop into _____ fruits such as apples.

5. Most flowers cannot _____ themselves.

6. Some insects _____ pollen as they fly from flower to flower.

B Write "P" if the underlined *some* is a pronoun, or write "A" if it is an adjective.

> **ex.**
> **Some are fleshy fruits such as apples.**
> *Pronoun some*

1. Some flowers are even eaten as medicine. _____

2. Most flowers are pollinated by the help of some insects. _____

3. Some of them can easily become new plants after the wind blows and spreads them around. _____

4. Some are fleshy fruits such as apples. _____

5. Some are hard, dry nuts or grains of wheat. _____

Organization & Summary

A **Sequence** Order the sentences.

	What Flowers Do to Produce Seeds
1	Flowers attract insects with beautiful petals and sweet nectar.
	The pollen from a male flower fertilizes a female flower.
3	When insects fly from flower to flower, they spread the pollen.
	New seeds become new plants.
	New seeds form in ovaries, and the flower dies.
	When insects land on male flowers, pollen sticks to their bodies.

B Fill in the blanks to complete the summary.

produce	hard	insects	fertilizes	plant	pollinated

Flowers ❶_____ seeds that become new plants. To make fruits, each plant needs to be ❷_____. When ❸_____ fly from flower to flower, they spread pollen. The pollen from a male flower ❹_____ a female flower. After a female flower is pollinated, new seeds form in its ovary. One way these seeds become new plants is when farmers ❺_____ them in the ground. When a flower dies, its ovary develops into a fruit, nut, or grain. Some are fleshy fruits such as apples. Others are ❻_____, dry nuts or grains of wheat.

· Review Test ·

▶ Answer Key p.70

A. Check the correct words to complete the sentences.

1. Warm air and cool air _____ together inside the cloud.
   a. swirl   b. occur   c. touch   d. record

2. A _____ thunderstorm causes tornadoes.
   a. low   b. high   c. severe   d. common

3. Hurricanes are caused by a warm low-pressure system that _____ water from oceans.
   a. makes   b. gives   c. destroies   d. evaporates

4. Earth's orbit and tilt on its _____ make four different levels of sun energy.
   a. axis   b. strength   c. shade   d. crop

5. As Earth tilts toward the sun, it receives more _____.
   a. temperatures   b. sunrays   c. leaves   d. farmers

6. Coral reefs provide _____ views of tropical fish and seaweed.
   a. frosty   b. shallow   c. terrific   d. fleshy

7. Coral polyps produce a substance that turns into hard _____.
   a. skeletons   b. nutrients   c. habitats   d. pollution

8. Corals get their nutrients from the _____ of algae's photosynthesis.
   a. creatures   b. rocks   c. cleaners   d. byproducts

9. Flowers _____ insects with their beautilful petals.
   a. pollinate   b. attract   c. mix   d. fertilize

10. Some are _____ fruits such as apples.
    a. fleshy   b. dry   c. hard   d. important

B. Correct the underlined parts.

1. Storms are a kind of severe weather <u>and</u> occurs in all climates.

    ➡ _____

2. Hurricanes are caused by a low-pressure system that <u>evaporate</u> water form oceans.

    ➡ _____

3. Hurricanes are classified in categories are <u>ranking</u> in strength from categories 1 through 5.

    ➡ _____

4. <u>For</u> Earth tilts toward the sun, it receives more sunrays.

    ➡ _____

5. It gets hotter, <u>that</u> Earth's axis tilts toward the sun. ➡ _____

6. Many people think <u>which</u> coral reefs are sea plants or even rocks.

    ➡ _____

7. The reason is <u>what</u> corals depend on algae for their nutrients.

    ➡ _____

8. Some <u>is</u> fleshy fruits such as apples. ➡ _____

9. Some <u>flower</u> are even eaten as medicine. ➡ _____

10. Some <u>them</u> can easily become new plants after the wind blows and spreads them around. ➡ _____

Butterflies and Moths

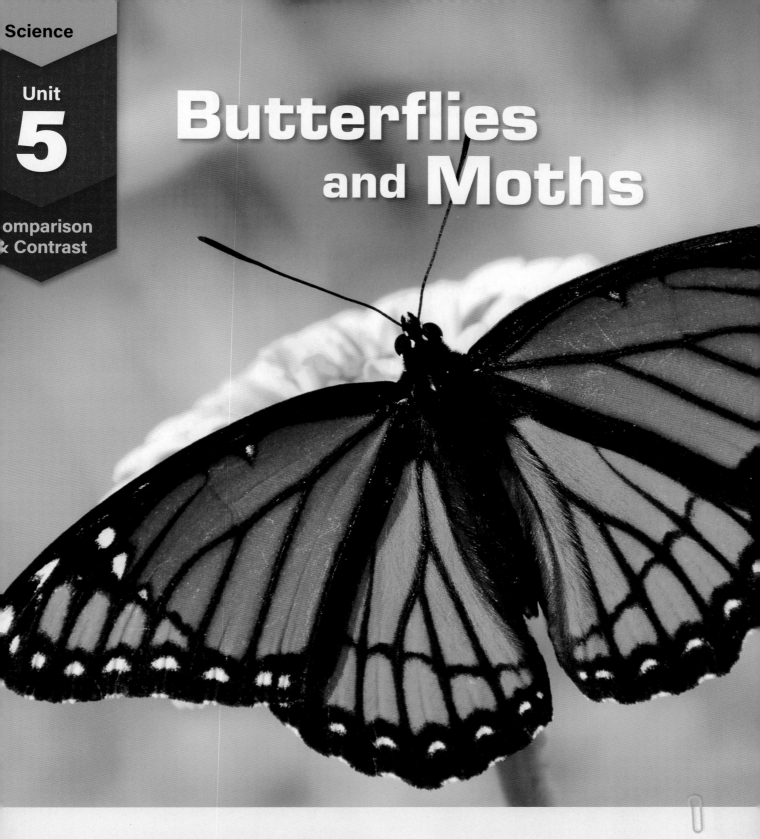

✔ *Check Your Background Knowledge*

Circle the correct words.

1. Some insect are very small, and others are (*suddenly* / *surprisingly*) large.
2. Insects can be pests, but they are also very (*important* / *dangerous*) to us.
3. In fact, we could not (*move* / *live*) without insects.

Butterflies and Moths

Butterflies and moths look very similar. They get nutrients in the same way. They drink juice from flowers and fruits called nectar and water from the ground. But how can you tell the differences between moths and butterflies?

Both moths and butterflies start as little eggs and grow into caterpillars. ❶Caterpillars have long and soft bodies with short legs. Some caterpillars have hair or spikes. Most caterpillars are green or brown, and their colors help them hide from other animals. This is called camouflage. Caterpillars mostly eat leaves.

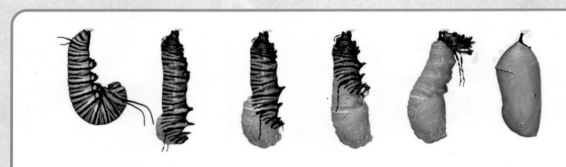

▲ a twelve-step butterfly metamorphosis

Vocabulary

- **similar:** having characteristics in common
- **caterpillar:** a wormlike and often brightly colored and hairy or spiny larva
- **spike:** any long, pointed object
- **camouflage:** the act of concealing the identity of something
- **mostly:** almost all or almost completely

Later, a caterpillar makes a hard shell around its body. ❷Inside the shell, the caterpillar changes into a butterfly or a moth. This change is called metamorphosis. During metamorphosis, the caterpillar grows wings and changes its body. Then, a butterfly or a moth breaks the shell and comes out.

Butterflies' wings are usually colorful in order to attract other butterflies. The bottoms of their wings are camouflage colors. Moths are usually brown, gray, or white. Butterflies like to fly during the day. Moths like to fly at night. Moths use the moonlight to help them fly.

(Word Count ▶ 184)

- **shell:** the hard outer covering of an animal or insect
- **attract:** to cause (someone) to like or be interested in something
- **bottom:** the lowest part, point, or level of something

Grammar Quiz

What a conjunction connects

- Find the conjunction and what it connects in sentences ❶ and ❷.

❶ _____   ❷ _____

Comprehension Checkup

A Choose the best answer.

1. **What is this passage mainly about?**
    a. what butterflies and moths like to eat
    b. how butterflies and moths look similar
    c. how butterflies and moths are similar and different
    d. the differences between caterpillars and metamorphosis

2. **What do butterflies and moths need to get nutrients?**
    a. leaves
    b. soft worms
    c. caterpillars
    d. nectar and water

3. **Why are butterflies' wings colorful?**
    a. to fly to distant places
    b. to attract other butterflies
    c. to hide from other animals
    d. to get nutrients from flowers

4. **What is the difference between a butterfly and a moth?**
    a. how their caterpillars look
    b. what colors their wings are
    c. what grows during metamorphosis
    d. how their caterpillars hide themselves from other animals

LEVEL UP! 5. **Inference** **What can be inferred from the passage?**
    a. Caterpillars of moths are active at night.
    b. Moths don't need to attract other moths.
    c. Where creatures live and their colors are related to camouflage.
    d. Caterpillars don't need to hide themselves during metamorphosis.

LEVEL UP! **B** **Writing** **Write the correct words to complete the sentences.**

6. Butterflies and moths look very similar and go through the same steps to grow. But butterflies like to fly __*during*__ _____ _____, even though moths like to fly _____ _____.

44

A Choose the correct words to fill in the blanks.

| bottoms | caterpillar | spikes | shell | mostly | attract |

1. A _____ turns into a butterfly in two or three weeks.

2. You can sometimes find caterpillars with _____.

3. The _____ of butterflies' wings are camouflage colors.

4. Caterpillars _____ eat leaves.

5. Metamorphosis is when the caterpillar's body changes inside the _____.

6. Butterflies' wings are usually colorful in order to _____ other butterflies.

B Choose the correct words to complete the sentences.

ex.
They drink juice from <u>flowers</u> _and_ <u>fruits</u>.
What a conjunction connects

1. How can you tell the differences between moths and (*a butterfly* / *butterflies*)?

2. Both of them start as little eggs and (*grow* / *are growing*) into caterpillars.

3. Caterpillars have long and (*soft* / *softly*) bodies with short legs.

4. The caterpillar changes into (*butterfly* / *a butterfly*) or a moth.

5. The caterpillar grows wings and (*change* / *changes*) its body.

A **Comparison & Contrast** **Fill in the blanks to complete the organizer.**

Butterflies

- have 1._____ wings with camouflage colors at the 2._____
- fly during the day

- drink nectar and water
- start as little 3._____
- grow into caterpillars
- change during 4._____

Moths

- have brown, gray, or white wings
- fly at 5._____
- use the 6._____ to help them fly

| eggs | bottom | night | moonlight | colorful | metamorphosis |

B **Fill in the blanks to complete the summary.**

| caterpillars | nectar | attract | brown | shell | camouflage |

Butterflies and moths drink ❶_____ and water to get nutrients. They start as little eggs and grow into ❷_____. Later, a caterpillar makes a hard ❸_____ around its body. Inside the shell, the caterpillar changes its body. Then a butterfly or a moth breaks the shell and comes out. Butterflies' wings are usually colorful in order to ❹_____ other butterflies. The bottoms of their wings are ❺_____ colors. Butterflies like to fly during the day. Moths are usually ❻_____, gray, or white. Moths like to fly at night.

Stars and Planets

✔ *Check Your Background Knowledge*

Circle the correct words.

1. The sun gives off (*heat / fire*) and light.
2. The sun looks so much bigger and (*darker / brighter*) than other stars.
3. That's because the sun is so much (*closer / lighter*) to Earth.

Stars and Planets

We can see many gleaming dots in the night sky. They are stars and planets. A star is a huge ball of burning gas which makes energy called light. ❶Most stars look like bright dots because they are so far away. The very hot stars are blue, the ones with medium heat are yellow, and the coolest stars are red. The brightness of a star depends on how much light it produces and its distance from Earth. The hotter a star is, the brighter it shines. The closer a star is to Earth, the brighter it appears to us.

The sun is one of billions of stars in the universe. The color of the sun is yellow. This means the sun is only medium hot for a star.

▲ Big Dipper

However, the temperature at its center is more than 13 million degrees Celsius. The sun is a small star compared to the other stars in the universe. ❷But it is much bigger than Earth.

Sun

Mercury

Venus

Earth

Mars

Jupiter

Saturn

Uranus

Neptune

▲ the sun and the eight planets of our solar system

Planets are also objects in space. A planet is a large object that moves around a star. Different from a star, a planet gives off no light of its own. It shines only because of light reflected from the sun. Earth is one of the planets that move around the sun.

(Word Count ▸ 213)

• **center:** the middle of something
• **compare:** to examine and note the similarities or differences of
• **object:** a thing that you can see and touch and that is not alive

Grammar Quiz

Adverbs: *so, very, much*

• **Find what *so* and *much* modify in sentecnes ❶ and ❷.**

❶ _____   ❷ _____

A Choose the best answer.

1. **What is this passage mainly about?**
   a. the temperatures of the sun and Earth
   b. various stars and planets in the universe
   c. the differences between stars and planets
   d. the relationship between the sun and Earth

2. **What does the brightness of a star depend on? (Choose two answers.)**
   a. how big is
   b. what it is made of
   c. how far away it is
   d. how much light it produces

3. **Why does a planet shine?**
   a. It gives off light.
   b. It shines by itself.
   c. It has a gleaming dot.
   d. It reflects light from the sun.

4. **Which statement is not true?**
   a. The sun is medium hot for a star.
   b. The sun is the biggest star in the universe.
   c. A star appears brighter to us when it is closer to Earth.
   d. Most stars look like bright dots because they are so far away.

LEVEL UP! 5. Inference What can be inferred from the passage?
   a. The red stars give off no light.
   b. The hotter a star is, the bigger it is.
   c. Planets are located around the sun.
   d. The color of the sun changes as it orbits.

LEVEL UP! B Writing Write the correct words to complete the sentence.

6. Different from a star, a planet gives off no light of its own and it shines
   only because of ___*light*___ _____ _____ _____
   _____.

A Choose the correct words to fill in the blanks.

| medium | shine | appear | universe | center | compare |

1. Stars with _____ heat are yellow, and the coolest stars are red.

2. No one knows how many stars there are in the _____.

3. Why does an object _____ darker when it is far away?

4. We look forward to camping so that we can see the stars _____ at night.

5. Students gather data and _____ planet sizes in the classroom.

6. The sun is the star at the _____ of our solar system.

B Choose the appropriate places for the adverbs *so*, *very*, and *much*.

> **ex.**
> **It is <u>much</u> bigger than Earth.**
> *Adverbs: so, very, much*

1. Most stars ① look like bright ② dots because they are ③ far away. (← so)

2. The ① hot stars are ② blue, and the ones with ③ medium heat are yellow. (← very)

3. The ① sun is ② bigger than ③ Earth. (← much)

4. The sun is ① hot that the temerature at its center is ② more than ③ 13 million degrees Celsius. (← so)

5. The ① sun is ② hotter ③ than Earth. (← much)

Organization & Summary

A **Main Idea & Details** **Fill in the blanks to complete the organizer.**

Main Idea: **Stars and Planets**

Detail 1: Stars

- huge balls of burning
  1. _____
- The 2. _____ of
  a star depends on how
  much light it produces,
  and its 3. _____
  from Earth.
- hotter → brighter

Detail 2: The Sun

- 4. _____ hot
- its center is more than
  13 million degrees
  Celsius
- a small star, but much
  bigger than Earth

Detail 3: 5. _____

- large objects
  moving around
  a star
- giving off no light
- shining only
  because of light
  6. _____ from
  the sun

planets   distance   brightness   reflected   medium   gas

B **Fill in the blanks to complete the summary.**

shines   burning   temperature   object   move   universe

A star is a huge ball of ❶_____ gas. The hotter a star is, the

brighter it ❷_____. The sun is one of the stars in the universe. Its

color is yellow. The ❸_____ at its center is more than 13 million

degrees Celsius. The sun is smaller than other stars in the ❹_____,

but much bigger than Earth. A planet is a large ❺_____ that moves

around a star. A planet shines only because of light reflected from the

sun. Earth is one of the planets that ❻_____ around the sun.

Volcanoes

✔ *Check Your Background Knowledge*

Circle the correct words.

1. The (*solid* / *salty*) part of Earth is land.
2. Some land is high. Some land is low, and some land is (*dirty* / *flat*).
3. A mountain is the (*widest* / *highest*) type of land.

Volcanoes 🎧

Have you ever wondered how volcanoes are made? Volcanoes erupt when molten rock comes out from Earth's mantle. When molten rock comes out, it is called lava. Every time lava comes out and hardens, the volcano becomes bigger. Over thousands of years, the hard lava makes mountains.

The deep inner part of Earth is moving. The area under Earth's surface is filled with molten rock called magma. When parts of Earth move, they make pressure, which pushes magma up through Earth's crust. This is the lava we see when a volcano erupts. Lava is extremely hot. ❶ Its temperature can be from 700°C to 1,200°C.

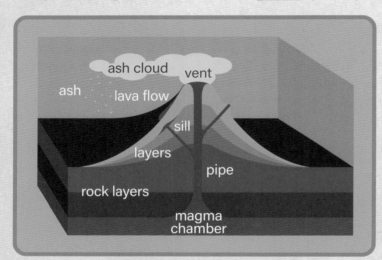

▲ the formation of a volcano

(A) There are over 1,000 active volcanoes around the world. An active volcano shows signs that it may erupt soon. ❷Lava and gas may come out, or there could be earthquakes near the volcano. (B)

Millions of people live near volcanoes. The Ring of Fire is a very large circle of volcanoes. It runs from Japan up through Alaska and Canada and down to California. (C) They are very dangerous for many people. (D) But sometimes the heat from volcanoes makes energy that people use to live. And lava and ash from volcanoes turn into rich soil that can grow food and forests.

(Word Count ▶ 203)

World Famous Volcanoes

▲ Mount Vesuvius, Italy

▲ Cotopaxi volcano, Ecuador

▲ Mount Pinatubo, the Philippines

Grammar Quiz

Auxiliary verbs: *can, may*

- **Find the auxiliary verbs in sentences ❶ and ❷ with the meanings given below.**

  ❶ be able to = _____
  ❷ be possible = _____

Comprehension Checkup

A **Choose the best answer.**

1. **What is this passage mainly about?**
   a. predicting disasters
   b. preventing volcanic eruptions
   c. the formation and effects of volcanoes
   d. the advantages and disadvantages of volcanoes

2. **When do volcanoes erupt?**
   a. when lava hardens
   b. when Earth's crust moves
   c. when molten rock turns into magma
   d. when molten rock comes out from Earth's mantle

3. **When does magma come out from Earth's crust?**
   a. when ash from magma becomes bigger
   b. when molten rock becomes extremely hot
   c. when the inner parts of Earth move and it makes pressure
   d. when gas from the deep inner parts of Earth pushes magma

4. **Which statement about the Ring of Fire is not true?**
   a. Millions of people live near it.
   b. It refers to a very large circle of volcanoes.
   c. It makes pressure for people to use to live.
   d. It goes through Japan, Alaska, Canada, and California.

LEVEL UP! 5. **Insertion** **Where could the following sentence be added?**

   It often causes earthquakes.

   a. (A)   b. (B)   c. (C)   d. (D)

LEVEL UP! **B** **Writing** **Write the correct words to complete the sentence.**

6. Volcanoes are very dangerous for people, but sometimes the heat from
   volcanoes ___*makes*___ _____ that ___*people*___ _____
   _____ _____.

Vocabulary & Grammar

A Choose the correct words to fill in the blanks.

lava	harden	pushes	active	ash	molten

1. The magma _____ its way to the volcano's mouth and erupts.

2. Mt. Fuji is the highest mountain in Japan and is an _____ volcano.

3. Lava flows slow down and thicken as they _____.

4. Clouds of _____ and gas went into the sky after the eruption.

5. Volcanoes erupt when _____ rock comes from Earth's mantle.

6. When molten rock comes out, it is called _____.

B Choose the correct words to complete the sentences.

> **ex.** **Its temperature <u>can</u> be from 700℃ to 1,200℃.**
> *Auxiliary verbs: can, may*

1. An active volcano shows signs that it (*may erupt* / *may erupts*) soon.

2. Lava and gas (*may come* / *may came*) out.

3. There (*could be* / *could were*) earthquakes near the volcano.

4. Lava and ash from volcanoes turn into rich soil that (*can grow* / *can grows*) food.

5. Its temperature (*can* / *can be*) from 700℃ to 1,200℃.

Organization & Summary

A **Sequence** Order the sentences.

The Process of a Volcanic Eruption	
1	The deep inner part of Earth moves.
	Lava hardens and the volcano becomes bigger.
	Magma comes out, and it is called lava. Lava is extremely hot.
	The pressure pushes molten rock, called magma, up through Earth's crust.
	It makes pressure.

B **Fill in the blanks to complete the summary.**

| soil | extremely | lava | crust | magma | energy |

Volcanoes erupt when ❶_____ comes out from Earth's mantle. Magma is the molten rock. It is in the area under the surface of Earth. When parts of Earth move, magma is pushed up through Earth's ❷_____. This is ❸_____ we see when a volcano erupts. Lava is ❹_____ hot. Volcanoes are very dangerous for people. But sometimes the heat from volcanoes makes ❺_____ that people use to live. Lava and ash from volcanoes turn into rich ❻_____ that can grow food and forests.

Sound

✔ *Check Your Background Knowledge*

Circle the correct words.

1. Music is made up of (*radios* / *sounds*) that go together.
2. Music is what people sing and play on (*performances* / *instruments*) like the piano.
3. You will find music everywhere if you (*listen* / *record*) for it.

Sound

What do a guitar, a human voice, and thunder have in common? They are all sounds. And sounds are all created by vibrations in matter.

A vibration happens when energy makes the atoms in matter shake. The shaking causes waves. ❶Sound waves can move through any kind of matter, including air, water, and even solid rock. But when there is no matter, there is no sound. An area without matter is called a vacuum. Outer space is a vacuum because there is no air. This is why astronauts use wireless technology to talk to each other in outer space.

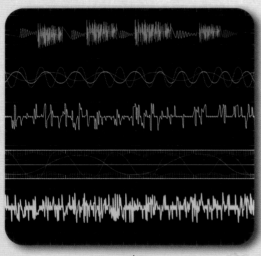

▲ sound waves

❷We can hear sounds by using our ears. We can hear because of a thin drum that vibrates when a sound wave enters our ears. Some sounds are very fast, high-pitched waves, while other sounds are slow, low-pitched waves. Sound waves create music, language, and all of the noises we can hear.

Vocabulary

• **thunder:** the sound that follows a flash of lightning
• **vacuum:** the absence of matter
• **astronaut:** a person trained to travel in a spacecraft
• **high-pitched:** making a high sound
• **language:** communication by word of mouth

• **barrier:** a limit or boundary
• **sonic:** of or relating to sound, sound waves, or the speed of sound
• **boom:** a deep and loud sound or cry

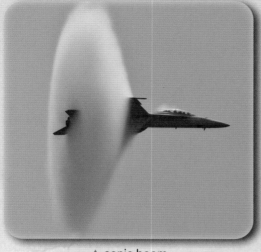
▲ sonic boom

▲ lightning

Sound travels at the speed of 1,230 km/h. But some things go faster than sound. Fighter jets can break the sound barrier by going faster than 1,230 km/h. This creates loud sonic booms. A bolt of lightning is also faster than sound. That is why we see lightning before we hear the sonic boom caused by thunder.

(Word Count ▶ 208)

Grammar Quiz

Gerund vs. Present participle

• Circle what the underlined parts are in sentences ❶ and ❷.

❶ Gerund / Present participle
❷ Gerund / Present participle

Comprehension Checkup

A Choose the best answer.

1. **What is this passage mainly about?**

   a. the features of atoms

   b. what causes vibration

   c. the speeds of various sounds

   d. how sound occurs and what sound makes

2. **What is not a feature of sound waves?**

   a. They are heard through our ears.

   b. They cannot move through solid rock.

   c. They create music, language, and all noises.

   d. They are caused when energy makes the atoms in matter shake.

3. **What do astronauts use to talk to each other in outer space?**

   a. thin drums   b. sound barriers

   c. wireless technology   d. high-pitched waves

4. **Why do we see lightning before we hear the sonic boom caused by thunder?**

   a. because a bolt of lightning is faster than sound

   b. because a bolt of lightning cannot break the sound barrier

   c. because it's hard for us to hear the sonic boom with thin drums

   d. because the speed of light is always faster than the speed of sound

LEVEL UP! 5. **Inference** **What can be inferred from the passage?**

   a. Music mostly uses sounds with high-pitched waves.

   b. You can't hear anything in outer space without some devices.

   c. If you hurt your ear drums, you can only hear low-pitched sounds.

   d. The sound caused by thunder is the fastest among sounds that can be measured.

LEVEL UP! **B** **Writing** **Write the correct words to complete the sentence.**

6. Sounds are all __*created*__ _____ _____ _____ _____,
   which create music, language, and all of the noises we can hear.

Vocabulary & Grammar

A Choose the correct words to fill in the blanks.

thunder	shakes	vaccum	astronauts	languages	barrier

1. _____ use wireless techonology to talk to each other in outer space.

2. Does it sound similar to any _____ you know of?

3. Watch fighter jets break the sound _____.

4. An area without matter is called a _____.

5. We see lightning before we hear the sonic boom caused by _____.

6. When energy _____ the atoms in matter, it is called a vibration.

B Write "G" if the underlined part is a gerund, or write "P" if it is a present participle.

> **ex.** **We can hear sounds by using our ears.**
> *Gerund vs. Present participle*

1. Sounds are all created by vibrations in matter, <u>creating</u> all of the noises we can hear. _____

2. Sound waves can move through any kind of matter, <u>including</u> air, water, and even solid rock. _____

3. We can hear sounds by <u>using</u> our ears. _____

4. We can hear because of <u>vibrating</u> thin drums. _____

5. Fighter jets can break the sound barrier by <u>going</u> faster than 1,230 km/h.

_____

A **Main Idea & Details** Fill in the blanks to complete the organizer.

> **Main Idea: The Features of Sounds**

Detail 1: What Makes Sounds	Detail 2: How We Can Hear Sounds	Detail 3: The Speed of Sounds
• Energy makes the 1._____ in matter shake. → causing waves • Sound waves can move through 2._____.	• by using our ears • Thin drums 3._____ when a sound enters our ears. • fast, high-pitched waves & slow, 4._____ waves	• can 5._____ at 1,230 km/h • A fighter jet or a bolt of 6._____ is faster than sound.

travel   low-pitched   vibrate   atoms   matter   lightning

B Fill in the blanks to complete the summary.

energy   drum   vibrations   slow   waves   fighter jet

Sounds are all created by ❶_____ in matter. A vibration happens when ❷_____ makes the atoms in matter shake. The shaking causes ❸_____. Sound waves can move through matter. We can hear because of a thin ❹_____ that vibrates when a sound wave enters our ears. Some sounds are very fast, high-pitched waves, while other sounds are ❺_____, low-pitched waves. Sound travels at 1,230 km/h. But a ❻_____ or a bolt of lightning is faster than sound.

· Review Test ·

▶ Answer Key p.71

A. Check the correct words to complete the sentences.

1. **Moths start as little eggs and grow into _____.**
   a. wings　　　b. shells　　　c. vibrations　　　d. caterpillars

2. **Butterflies' colors help them hide from other animals, which is called _____.**
   a. languages　　　b. universe　　　c. camouflage　　　d. metamorphosis

3. **We can see many _____ dots in the night sky.**
   a. gleaming　　　b. medium　　　c. active　　　d. solid

4. **Planets shine only because of light _____ from the sun.**
   a. compared　　　b. reflected　　　c. appeared　　　d. moved

5. **Every time lava comes out and _____, the volcano becomes bigger.**
   a. hardens　　　b. pushes　　　c. erupts　　　d. grows

6. **An active volcano shows _____ that it may erupt soon.**
   a. crusts　　　b. circles　　　c. ash　　　d. signs

7. **Lava from volcanoes turns into _____ soil that can grow food and forests.**
   a. hot　　　b. rich　　　c. molten　　　d. dangerous

8. **A vibration happens when energy makes the atoms in matter _____.**
   a. create　　　b. cause　　　c. shake　　　d. break

9. **An area without matter is called a _____.**
   a. techonology　　　b. barrier　　　c. vacuum　　　d. sound

10. **Sound waves create music, language, and all of the _____ we can hear.**
    a. speeds　　　b. drums　　　c. lightning　　　d. noises

B. Correct the underlined parts.

1. How can you tell the differences between moths and <u>a butterfly</u>?

    ➡ _____

2. Both of them start as little eggs and <u>are growing</u> into caterpillars.

    ➡ _____

3. Caterpillars have long and <u>softly</u> bodies with short legs.

    ➡ _____

4. Most stars look like bright dots because they are <u>much</u> far away.

    ➡ _____

5. The sun is <u>very</u> bigger than Earth.   ➡ _____

6. An active volcano shows signs that it may <u>erupts</u> soon.

    ➡ _____

7. Lava and gas may <u>came</u> out.   ➡ _____

8. There could <u>were</u> earthquakes near the volcano.   ➡ _____

9. Sounds are all created vibrations in matter, <u>created</u> all of noises we can hear.

    ➡ _____

10. We can hear sounds by <u>use</u> our ears.   ➡ _____

PART 2

Social Studies

Unit 9   The Rocky Mountains

Unit 10 The Great Wall of China

Unit 11 George Washington:

The First President

Unit 12 Martin Luther King

Unit 13 Immigrants to America

Unit 14 The Civil War

Unit 15 Recycling: A way to Save

Unit 16 Who Is Santa Claus?

The Rocky Mountains

✔ *Check Your Background Knowledge*

Circle the correct words.

1. North America is the third-largest (*mountain* / *continent*).
2. The United States of America is in the (*deep* / *central*) part of North America.
3. On the west is the Pacific Ocean, and on the (*east* / *straight*) is the Atlantic Ocean.

The Rocky Mountains

The Rocky Mountains are the longest mountain range in North America. They begin in Canada and extend all the way down to Mexico. They stretch for 3,000 miles (4,800 kilometers). They run through five states: Montana, Idaho, Wyoming, Utah, and Colorado.

❶The Rocky Mountains are made up of rugged mountain ranges with deep valleys. These features make them a good home for many different animals and plants. Black bears, grizzly bears, mountain lions, and wolverines live in the Rocky Mountains. Geese, eagles, owls, and turkeys spend winters in the mountains. Various grasses and wildflowers grow in the valleys. Along the lower mountains are evergreen trees such as aspens and yellow pines.

▲ the Rocky Mountains

Vocabulary

- **range:** a series of hills or mountains
- **extend:** to span a certain amount of distance, space, or time
- **rugged:** having a rough, uneven surface
- **evergreen:** a tree with leaves that remain green all year long
- **resource:** something that a country has and can use to increase its wealth

The Rocky Mountains also provide many natural resources for Americans. Various metals and minerals are found in the rocks of the mountains. The most valuable metal found in the Rocky Mountains is copper. Copper is used in products like electrical wires, computers, pots, and pans. Natural gas is also an important resource that comes from the Rocky Mountains. It is an important source of energy.

The Rocky Mountains have various animals, plants, and natural resources. ❷So, much of the land in the Rocky Mountains is protected in national parks.

(Word Count ▶ 200)

Animals in the Rocky Mountains

▲ American black bear

▲ grizzly bear

▲ wolverine

- **valuable:** having worth or merit
- **wire:** a thin, flexible thread of metal
- **national:** of or relating to an entire nation or country

Grammar Quiz

Passive voice (be+p.p.)

- **Find the verbs of sentences ❶ and ❷.**

  ❶ _____

  ❷ _____

A Choose the best answer.

1. **What is the passage mainly about?**
   a. important mountains in North America
   b. the importance of the Rocky Mountains
   c. the people who live in the Rocky Mountains
   d. some geographical features of North America

2. **Why are the Rocky Mountains a good habitat for many animals and plants?**
   a. They strech for 3,000 miles and run through five states.
   b. They are the longest mountain range in North America.
   c. They begin in Canada and extend all the way down to Mexico.
   d. They are made up of rugged mountain ranges with deep valleys.

3. **What are along the lower parts of the Rocky Mountains?**
   a. evergreen trees
   b. turkeys and owls
   c. copper and natural gas
   d. various grasses and wildflowers

4. **Which statement about the natural resources from the Rocky Mountains is not true ?**
   a. The most valuable metal is copper.
   b. Copper is used in pots, pans, and computers.
   c. Various metals and minerals are found in the rocks.
   d. Natural gas is an important source of electrical devices.

LEVEL UP! 5. **Inference** **What can be inferred about the Rocky Mountains from the passage?**
   a. America has the right to manage the entire mountain range.
   b. People are destroying them by digging for metals and minerals.
   c. Visitors are not allowed to enter the national parks in the range.
   d. They have different weather conditions according to where they are located.

LEVEL UP! **B** **Writing** Write the correct words to complete the sentence.

6. The Rocky Mountains have various ___*animals*___ , _____ , and
   _____ _____ .

Vocabulary & Grammar

A Choose the correct words to fill in the blanks.

| range | extend | rugged | national | valuable | resource |

1. Natural gas is an important _____ of the Rocky Mountains.

2. The Rocky Mountains are the longest mountain _____ in North America.

3. Much of the land in the Rocky Mountains is protected in _____ parks.

4. The most _____ metal found in the Rocky Mountains is copper.

5. The Rocky Mountains are made up of _____ mountain ranges with deep valleys.

6. The mountains _____ to several surrounding countries.

B Choose the correct words to complete the sentences.

ex.
> **Copper is used in products like computers.**
> *Passive voice (be+p.p.)*

1. The Rocky Mountains (*make up* / *are made up*) of rugged mountain ranges with deep valleys.

2. Various metals and minerals (*found* / *are found*) in the rocks of the mountains.

3. The most valuable metal that (*is found* / *are found*) in the Rocky Mountains is copper.

4. Copper (*is used* / *is using*) in products like computers.

5. Much of the land in the Rocky Mountains (*is protected* / *are protected*) in national parks.

Organization & Summary

A Main Idea & Details **Fill in the blanks to complete the organizer.**

Main Idea: The Features of the Rocky Mountains

Detail 1: Geographical Features

- the 1._____ mountain range in North America
- 2._____ 3,000 miles
- made up of 3._____ mountain ranges with deep valleys ➔ a good 4._____ for many different animals and plants

Detail 2: Providing Natural 5._____

- various metals, 6._____
- copper
- natural gas

stretch   resources   longest   minerals   home   rugged

B Fill in the blanks to complete the summary.

protected   range   valleys   provide   natural   land

The Rocky Mountains are the longest mountain ❶_____ in North America. The Rocky Mountains are made up of rugged mountain ranges with deep ❷_____. They are a good home for many different animals and plants. The Rocky Mountains also ❸_____ many natural resources for Americans. Copper and ❹_____ gas are the most important resources from the Rocky Mountains. Much of the ❺_____ in the Rocky Mountains is ❻_____ in national parks.

The Great Wall of China

✔ *Check Your Background Knowledge*

Circle the correct words.

1. Asia is the largest (*mountain* / *continent*) on Earth.
2. It (*covers* / *flows*) about 30% of the world's land area.
3. Asia (*contains* / *surrounds*) huge, empty deserts and some of the world's highest mountains and longest rivers.

The Great Wall of China

The Great Wall of China is the longest wall ever built. Although parts of it have been destroyed, it stretches almost 6,437 kilometers. It looks like an immense sleeping dragon when it is seen from the sky.

However, it was not built all at once. Many centuries ago, China was made up of several kingdoms. These kingdoms built walls around their land to protect themselves from their unfriendly neighbors. In the 3rd century B.C., Shi Huangdi seized power and conquered the other kingdoms. He became China's first emperor. Then, he ordered the wall to be built and had new sections made as needed. Thousands of workers worked for many years to complete the wall. Slaves, soldiers, and even farmers were sent to build the wall.

Vocabulary

- **immense:** vast, huge, very great
- **at once:** without delay or hesitation
- **kingdom:** a country with a king as the head of state
- **seize:** to get or take (something) in a forceful, sudden, or violent way
- **conquer:** to take control of (a country, city, etc.) through the use of force

The Great Wall from Different Views

▲ an area of the sections of the Great Wall at Jinshanling

▲ the Great Wall between Simatai and Jinshanling

▲ the Great Wall at Mutianyu, near Beijing

This wall was not completed under Shi Huangdi of the Qin dynasty. It was built by various dynasties over a few centuries. Each dynasty played a role in building extensions and repairing the wall. ❶Most of the wall that stands today was constructed during the Ming dynasty (1368~1644).

There are no more northern invaders for the wall to guard against. However, the Great Wall is still great. ❷Millions of people visit the Great Wall every year. Today, the wall has become a symbol of the might of ancient China.

(Word Count ▶ 214)

- **emperor:** a man who rules an empire
- **dynasty:** a family of rulers who rule over a country for a long period of time
- **invader:** someone who enters by force in order to conquer

Grammar Quiz

Subject–verb agreement

- **Find the subjects in sentences ❶ and ❷.**

  ❶ _____

  ❷ _____

A Choose the best answer.

1. **What is the passage mainly about?**
   a. the history of the Great Wall
   b. the most powerful dynasty in China
   c. several kingdoms of China's history
   d. the techniques used to build the Great Wall

2. **Who ordered the Great Wall to be built?**
   a. northern invaders
   b. unfriendly neighbors
   c. an emperor of the Ming dynasty
   d. China's first emperor, Shi Huangdi

3. **Why did the Chinese construct the Great Wall?**
   a. to run across mountains and valleys
   b. to see how great and long the wall would be
   c. to seize power and to conquer other kingdoms
   d. to protect themselves from their unfriendly neighbors

4. **Which statement about the Great Wall is not true?**
   a. Parts of it have been destroyed, but it is still great.
   b. Slaves, soldiers, and farmers were the workers who build it.
   c. It was built by the Qin and the Ming dynasties over a few centuries.
   d. It looks like an immense sleeping dragon when it is seen from the sky.

LEVEL UP! 5. **Inference** **What can you infer according to the passage?**
   a. The symbol of the Qin dynasty was the dragon.
   b. The Ming dynasty ruled China for the longest time.
   c. Thousands of workers worked to build the wall without pay.
   d. Lots of wars occurred between kingdoms to conquer each other.

LEVEL UP! B **Writing** Write the correct words to complete the sentence.

6. The Great Wall has become _____ *symbol* _____ _____ _____ of ancient China.

Vocabulary & Grammar

A Choose the correct words to fill in the blanks.

immense	at once	conquer	seized	dynasty	emperor

1. Shi Huangdi _____ power in the 3rd century B.C.

2. He commanded his soldiers to _____ the small city.

3. Shi Huangdi became China's first _____.

4. The Great Wall was not built all _____.

5. Do you know the name of Korea's last _____?

6. Do you think the Great Wall looks like an _____ sleeping dragon?

B Choose the correct words to complete the sentences.

> **ex.**
>
> **Millions of people visit the Great Wall every year.**
> *Subject–verb agreement*

1. Although parts of it (*has been destroyed* / *have been destroyed*), it stretches almost 6,437 kilometers.

2. Slaves, soldiers, and even farmers (*was sent* / *were sent*) to build the wall.

3. Most of the wall that stands today (*was constructed* / *were constructed*) during the Ming dynasty.

4. There (*is* / *are*) no more northern invaders for the wall to guard against.

5. The wall (*has become* / *have become*) a symbol of the might of ancient China.

A **Main Idea & Details** Fill in the blanks to complete the organizer.

> **Main Idea: The History of The Great Wall**

Detail 1: How Long It Is	Detail 2: Who Built It And Why	Detail 3: How It Was Built
• the longest wall ever 1._____ • like an 2._____ sleeping dragon	• Several kingdoms built walls around their land to 3._____ themselves from unfriendly neighbors. • Shi Huangdi conquered the other kingdoms and 4._____ the wall to be built.	• workers: slaves, soldiers, farmers • built by various 5._____ • over a few 6._____

> dynasties   built   protect   ordered   centuries   immense

B Fill in the blanks to complete the summary.

> extensions   complete   constructed   repaired   emperor   sections

The Great Wall of China is the longest wall ever built. In the 3rd century B.C., China's first ❶_____, Shi Huangdi, ordered the wall to be built and had new ❷_____ made as needed. Thousands of workers worked for many years to ❸_____ the wall. The wall was built by various dynasties over a few centuries. Each dynasty built ❹_____ and ❺_____ the wall. Most of the wall that stands today was ❻_____ during the Ming Dynasty.

George Washington: The First President

✔ *Check Your Background Knowledge*

Circle the correct words.

1. George Washington was one of the (*Leading* / *Founding*) Fathers of the United States.
2. He led the American (*army* / *speech*) during the American Revolutionary War.
3. Later, he became the new republic's first (*carpenter* / *president*).

George Washington: The First President 🎧

❶George Washington is one of the best known presidents of the United States. He was born to a prominent family in Virginia in 1732. Although his father died when George Washington was 11 years old, he received a good education.

George Washington achieved many things for his country. He knew the situation that Virginia and the other colonies belonged to England. When he was twenty years old, he joined the military and served as a good leader. After he left the military, he became a devoted politician. ❷However, he is most remembered for his service during the Revolutionary War.

He served as a general and the commander of the Continental Army during the American Revolution. The colonists were against the unfair taxes the British were demanding. They won the war against the British in 1783.

After that, America was free from the British. In 1789, George Washington was elected the first president of the United States. He

Vocabulary

- **prominent:** important and well-known
- **military:** the armed forces of a country
- **serve:** to perform a duty or job
- **devoted:** having strong love or loyalty for something or someone
- **general:** a high-ranking officer in the armed forces

▲ *Washington Crossing the Delaware* by Emanuel Leutze

served as president for eight years. In 1797, George Washington left the government and spent the rest of his life as a simple farmer. George Washington is remembered as a military hero and a man of integrity. The capital of the United States, Washington, D.C., is named after him.

(Word Count ▶ 206)

- **commander:** a person who is in charge of a group of people
- **unfair:** not right or fair
- **integrity:** the quality of being honest and fair

Grammar Quiz

Past participle

- **Find the past participles in sentences ❶ and ❷.**

❶ _____

❷ _____

A Choose the best answer.

1. **What is the passage mainly about?**
   a. the war against the British
   b. the life of George Washington
   c. the capital of the United States
   d. George Washington's achievements as the president

2. **When George Washington was twenty years old, what happened?**
   a. His father died.
   b. He served as a good leader in the military.
   c. He became a simple farmer.
   d. The colonists won the war against the British.

3. **Why did the war between the colonists and the British occur?**
   a. The British attacked Virginia.
   b. The colonists wanted to elect their own president.
   c. George Washington organized the Continental Army.
   d. The colonists were against the unfair taxes the British were demanding.

4. **Which statement about George Washington is not true?**
   a. He received a good education.
   b. After he left the government, he became a farmer.
   c. He took part in the Revolutionary War as a soldier.
   d. He served as president of the United States for eight years.

LEVEL UP! 5. **Purpose** **Why does the author mention the capital of the United States at the end of the passage?**
   a. to explain how big cities of the United States got their names
   b. to agree with the opinion that George Washington is a military hero
   c. to stress that George Washington is respected as a man of integrity
   d. to give an example of George Washington's achievement as a commander

LEVEL UP! B **Writing** Write the correct words to complete the sentence.

6. George Washington, the first president of the United States, is remembered
   as _____ _military_ _____ and _____ _man_
   _____ _____.

Vocabulary & Grammar

A Choose the correct words to fill in the blanks.

prominent	served	devoted	military	unfair	integrity

1. George Washington _____ as a general and the commander of the Continental Army.

2. He grew up in a _____ family and received a good education.

3. The weapon will be used in the _____ starting next year.

4. George Washington is remembered as a man of _____.

5. After he left the military, he became a _____ politician.

6. Our local taxes are very _____ to the poor.

B Choose the correct words to complete the sentences.

> **ex.** **He was <u>born</u> to a prominent family in Virginia in 1732.**
> *Past participle*

1. George Washington is one of the best (*knowing* / *known*) presidents of the United States.

2. He was (*bear* / *born*) to a prominent family in Virginia in 1732.

3. He is (*remembering* / *remembered*) for his service during the Revolutionary War.

4. George Washington was (*elected* / *elect*) the first president of the United States.

5. The capital of the United States, Washington D.C., is (*name* / *named*) after him.

Organization & Summary

A **Sequence** **Order the sentences.**

The Life of George Washington	
1	George Washington was born in Virginia in 1732.
	In 1797, he left the government and spent the rest of his life as a simple farmer.
	In 1789, he was elected the first president of the United States.
	But he received a good education.
5	He served as a general of the Continental Army during the American Revolution.
	When he was eleven years old, his father died.
	When he was twenty years old, he joined the military and served as a good leader.

B **Fill in the blanks to complete the summary.**

| left   elected   education   colonists   farmer   joined |

George Washington is one of the best known presidents of the United States. He was born in Virginia in 1732. When he was eleven years old, his father died. But he received a good ❶_____. When he was twenty years old, he ❷_____ the military and served as a good leader. The ❸_____ won the war against the British in 1783. He was ❹_____ the first president of the United States in 1789. He ❺_____ the government and spent the rest of his life as a simple ❻_____ in 1797.

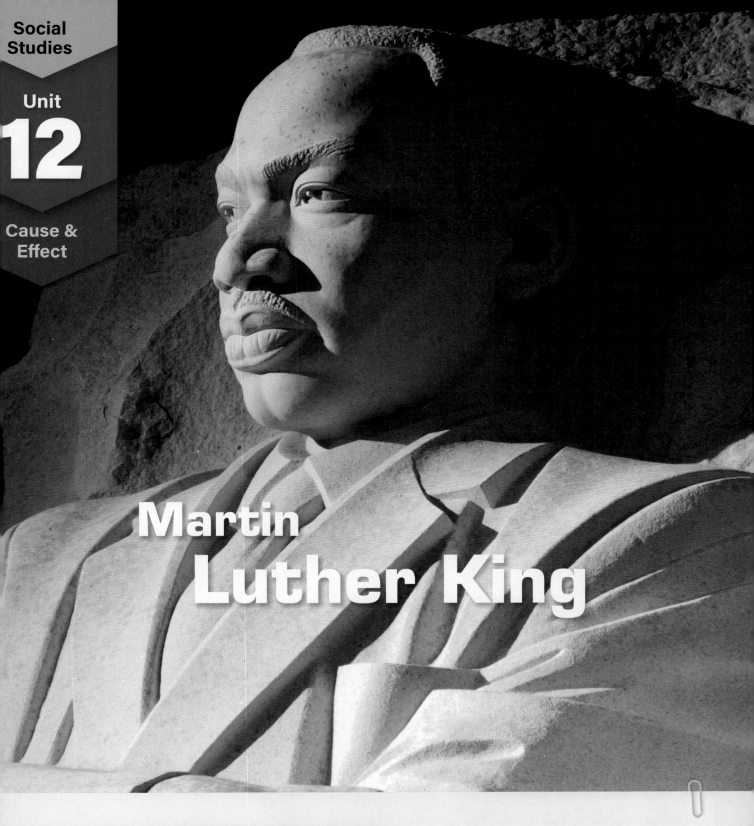

Martin Luther King

✓ *Check Your Background Knowledge*

Circle the correct words.

1. Benjamin Franklin was one of the American leaders who (*signed* / *learned*)
   the Declaration of Independence.
2. He (*discovered* / *convinced*) the French to send soldiers to America.
3. Those French troops helped the Americans (*win* / *publish*) the war.

Martin Luther King

▲ Martin Luther King, Jr.

Martin Luther King, Jr. was a great man who worked for racial equality and civil rights in the United States. He was born in Atlanta in 1929.

There was a lot of racism in the United States at the time. ❶African Americans were not allowed to shop in the same stores as white people. Their children were not allowed to go to the same schools as white children either.

❷Dr. King decided to lead a boycott of city buses. (A) African Americans had to give their seats to white people on the bus. The boycott ended in victory in 1956. (B) Soon afterward, Dr. King led many peaceful demonstrations that protested the unfair treatment of African Americans.

Vocabulary

- **equality:** state of having the same rights, social status, etc.
- **racism:** poor treatment of or violence against people because of their race
- **boycott:** to stop using the goods or services of (a company, country, etc.) until changes are made
- **peaceful:** without violence or serious disorder
- **demonstration:** an event in which people gather together to show that they support or oppose something

Dr. King's nonviolent and peaceful actions helped to bring about the Civil Rights Act in 1964. (C) The Civil Rights Act said that African Americans had to be treated the same way as everyone else. His pursuit of justice won him the Nobel Peace Prize in 1964.

Dr. King was shot in 1968, and his death was mourned by the world. (D) His dream was that his children would live in a nation where they would not be judged by the color of their skin but by the content of their character.

(Word Count ▶ 205)

- **treatment:** the management of someone or something
- **pursuit:** an attempt at achieving a particular result
- **justice:** the quality of being fair or just

Grammar Quiz

Verbs with to-infinitive objects

- **Find the objects in sentences ❶ and ❷.**

  ❶ _____

  ❷ _____

A Choose the best answer.

1. **What is the passage mainly about?**
   a. unfair treatment and a boycott
   b. how the Civil Rights Act started
   c. Martin Luther King's pursuit of justice
   d. how to make the world a better place

2. **What is not an example of racism in the United States?**
   a. African Americans had to give their seats to white people on the bus.
   b. African Americans' children couldn't go to the same schools as white children.
   c. African Americans were not allowed to take part in nonviolent demonstrations.
   d. African Americans were not allowed to shop in the same stores as white people.

3. **What made the Civil Rights Act possible?**
   a. Dr. King's sudden death
   b. Dr. King's peaceful actions
   c. the boycott on riding buses
   d. Dr. King's winning the Nobel Peace Prize

4. **What was Dr. King's dream?**
   a. African Americans would not be judged by the color of their skin.
   b. Many African Americans would win the Nobel Peace Prize like him.
   c. People from other countries would criticize racism in the United States.
   d. African Americans would not be judged by the content of their character.

LEVEL UP! 5. **Insertion** Where could the following sentence be added?

   Today, people still remember his dream.

   a. (A)   b. (B)   c. (C)   d. (D)

LEVEL UP! **B** **Writing** Write the correct words to complete the sentence.

6. Martin Luther King, Jr. was a great man who worked for ____*racial*____
   _____ *and* _____ _____ in the United States.

A Choose the correct words to fill in the blanks.

equality   boycott   peaceful   treatment   demonstrations   pursuit

1. His _____ of justice won him the Nobel Prize in 1964.

2. We have fought for women's rights and racial _____.

3. Dr. King led many nonviolent _____.

4. People have dreams of enjoying _____ lives in the countryside.

5. Dr. King decided to lead a _____ of city buses.

6. Dr. King protested the unfair _____ of African Americans.

B Choose the correct words to complete the sentences.

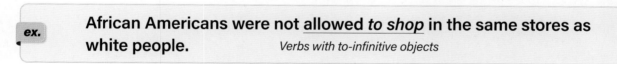

ex. **African Americans were not <u>allowed</u> *to shop* in the same stores as white people.** *Verbs with to-infinitive objects*

1. Their children were not allowed (*to go* / *going*) to the same schools as white people either.

2. African Americans were not allowed (*shop* / *to shop*) in the same stores as white people.

3. Dr. King decided (*by leading* / *to lead*) a boycott of city buses.

4. African Americans hoped (*being* / *to be*) treated the same way as everyone else.

5. Dr. King's nonviolent and peaceful actions helped (*brought* / *to bring*) about the Civil Rights Act.

Organization & Summary

A **Cause & Effect** **Fill in the blanks to complete the organizer.**

African Americans had to give their seats to 1._____ people on the bus.

↓

Dr. King decided to lead a boycott of city buses, which ended in 2._____.

↓

Dr. King led many other peaceful demonstrations that 3._____ the unfair treatment of African Americans.

↓

These peaceful 4._____ helped to bring about the Civil Rights Act. It said that African Americans should be 5._____ the same way as everyone else.

↓

Dr. King 6._____ the Nobel Peace Prize in 1964.

actions　**white**　**treated**　**victory**　**won**　**protested**

B **Fill in the blanks to complete the summary.**

unfair　**boycott**　**nonviolent**　**equality**　**pursuit**　**shot**

Martin Luther King, Jr. worked for racial ❶_____ and civil rights in the United States. Dr. King led a ❷_____ of city buses in 1956, and it ended in victory. Afterward, he led many peaceful demonstrations that protested the ❸_____ treatment of African Americans. Dr. King's ❹_____ and peaceful actions helped to bring about the Civil Rights Act in 1964. And his ❺_____ of justice won him the Nobel Peace Prize. Dr. King was ❻_____ and killed in 1968.

· Review Test ·

▶ Answer Key p.72

A. Check the correct words to complete the sentences.

1. The Rocky Mountains begin in Canada and _____ all the way down to Mexico.

   a. extend   b. protect   c. conquer   d. order

2. Natural gas is also an important _____ that comes from the Rocky Mountains.

   a. wire   b. resource   c. valley   d. range

3. The Great Wall of China looks like an _____ sleeping dragon when it is seen from the sky.

   a. unfriendly   b. valuable   c. immense   d. unfair

4. There are no more northern _____ for the wall to guard against.

   a. invaders   b. features   c. integrity   d. treatment

5. George Washington was born to a _____ family in Virginia in 1732.

   a. peaceful   b. nonviolent   c. various   d. prominent

6. George Washington joined the military and _____ as a good leader.

   a. shot   b. served   c. named   d. remembered

7. The colonists were against the unfair taxes the British were _____.

   a. spending   b. decided   c. demanding   d. belonged

8. Martin Luther King, Jr. was a great man who worked for _____ equality.

   a. racial   b. same   c. devoted   d. electrical

9. Dr. King's _____ of justice won him the Nobel Peace Prize in 1964.

   a. boycott   b. pursuit   c. color   d. demonstration

10. Dr. King's death was _____ by the world.

    a. ended   b. helped   c. allowed   d. mourned

B. Correct the underlined parts.

1. The Rocky Mountains <u>are making up</u> of rugged mountain ranges with deep
    valleys. ➡ _____

2. Various metals and minerals <u>found</u> in the rocks of the mountains.
    ➡ _____

3. Copper <u>is using</u> in products like computers. ➡ _____

4. Although parts of it <u>has been destroyed</u>, it stretches almost
    6,437 kilometers. ➡ _____

5. Most of the wall that stands today <u>were constructed</u> during the Ming
    dynasty. ➡ _____

6. George Washington is one of the best <u>knowing</u> presidents of the United
    States. ➡ _____

7. He was <u>bear</u> to a prominent family in Virginia in 1732.
    ➡ _____

8. The capital of the United States, Wahsington D.C., is <u>name</u> after him.
    ➡ _____

9. African Americans were not allowed <u>shopping</u> in the same stores as white
    people. ➡ _____

10. Dr. King decided <u>leading</u> a boycott of city buses. ➡ _____

Immigrants to America

✔ *Check Your Background Knowledge*

Circle the correct words.

1. Native Americans were the first people to (*live* / *sail*) in America.
2. Many years later, (*miners* / *explorers*) came to America from Europe.
3. After Christopher Columbus (*planted* / *arrived*), explorers from other countires traveled to America.

Immigrants to America 🎧

The United States is a nation of immigrants. In fact, most Americans have someone in their family background who was an immigrant. ❶Over the years, immigrants from all over the world have made contributions to the United States.

After Christopher Columbus landed on the continent of America, the first immigrants went to this new land in the 1600s. Some were adventurers who wanted to make quick fortunes, and others were ordinary people looking for religious freedom.

❷During the 1700s, many people went to America from Western European countries. They moved to America because of the plentiful land and the better opportunities than they could expect at home. Not all immigrants went to America because they wanted to. Millions of African Americans were brought there against their will and were forced into slavery. It was only at the end of the Civil War that they became free.

Vocabulary

- **background:** a person's social heritage
- **contribution:** to help to cause something to happen
- **fortune:** a very large amount of money
- **ordinary:** plain or undistinguished
- **plentiful:** present in large amounts

▲ *Christopher Columbus Arrives in America* by Louis Frang

Toward the middle of the 1800s, more people were immigrating to the United States. People from Southern and Eastern European countries arrived to explore the western parts of the United States. Soon, Asians also went there to find work.

As a result of continuous immigration, many different ethnic groups and their different cultures now coexist in the United States.

(Word Count ▶ 205)

- **will:** a strong desire or determination to do something
- **ethnic:** relating to races or large groups of people who have a common racial, national, cultural background
- **coexist:** to live in peace with each other

A **Choose the best answer.**

1. **What is the passage mainly about?**
   a. the United States, a plentiful land
   b. the background of an American family
   c. the United States, a nation of immigrants
   d. immigrants' contributions to the United States

2. **During the 1700s, why did Western Europeans move to America?**
   a. to make quick fortunes
   b. to look for religious freedom
   c. to find better opportunities
   d. to make contributions to America

3. **When did many African Americans become free from slavery?**
   a. in the 1600s
   b. at the end of the Civil War
   c. after Christopher Columbus landed
   d. when the first immigrants came

4. **Which statement is not true?**
   a. The first immigrants went to the new land in the 1600s.
   b. Immigrants have made contributions to the United States.
   c. During the 1700s, Asians went to the western parts of the United States to find work.
   d. During the 1800s, Southern Europeans moved to the western parts of the United States.

LEVEL UP! 5. **Inference** **What can be inferred from the passage?**
   a. Not all races were treated equally in the United States.
   b. Immigrants from Asia had a hard time finding work in the United States.
   c. Most immigrants in the United States were from Western European countries.
   d. It was impossible for immigrants to make quick fortunes in the United States.

LEVEL UP! **B** **Writing** **Write the correct words to complete the sentence.**

6. As a result of continuous immigration, many ___*different*___ _____
   _____ and their _____ _____ now coexist in the United
   States.

Vocabulary & Grammar

A Choose the correct words to fill in the blanks.

will	background	contributions	ordinary	coexist	ethnic

1. Immigrants all over the world have made _____ to the United States.

2. Some immigrants were _____ people looking for religious freedom.

3. Millions of African Americans were brought there against their _____.

4. Many different ethnic groups and their different cultures can _____ in the United States.

5. Everyone in my country has a different cultural _____.

6. Some _____ groups come to find work every year.

B Choose the correct words to complete the sentences.

ex. **Over the years, immigrants from all over the world have made contributions to the United States.**
Prepositions and conjunctions related to time

1. (*After* / *Over*) Christopher Columbus landed on the continent of America, the first immigrants went to this new land.

2. (*After* / *Over*) the years, immigrants from all over the world have made contributions to the United States.

3. Immigrants from all over the world made contributions to the United States (*in* / *toward*) the 1600s.

4. (*During* / *And*) the 1700s, many people went to America from Western European countries.

5. (*After* / *Toward*) the middle of the 1800s, more people were immigrating to the United States.

A Listing **Fill in the blanks to complete the organizer.**

Continuous Immigration to the United States	
In the 1600s	the first immigrants ← for quick 1._____ or for religious freedom
During the 1700s	many Europeans ← 2._____ land millions of African Americans → forced into 3._____
Toward the middle of the 1800s	many southern and eastern Europeans ← to 4._____ the western parts of the United States 5._____ ← to find work
Today	Many different ethnic groups and their different 6._____ now coexist.

slavery   cultures   fortunes   explore   Asians   plentiful

B **Fill in the blanks to complete the summary.**

ethnic   immigrants   land   western   religious   will

The United States is a nation of ❶_____. In the 1600s, the first immigrants came for quick fortunes or for ❷_____ freedom. During the 1700s, many western Europeans came for the plentiful ❸_____. Millions of African Americans were brought against their ❹_____ as slaves. In the middle of the 1800s, many southern and eastern Europeans arrived to explore the ❺_____ parts of the United States. Asians also went there to find work. Today, many different ❻_____ groups and their cultures now coexist in the United States.

The Civil War

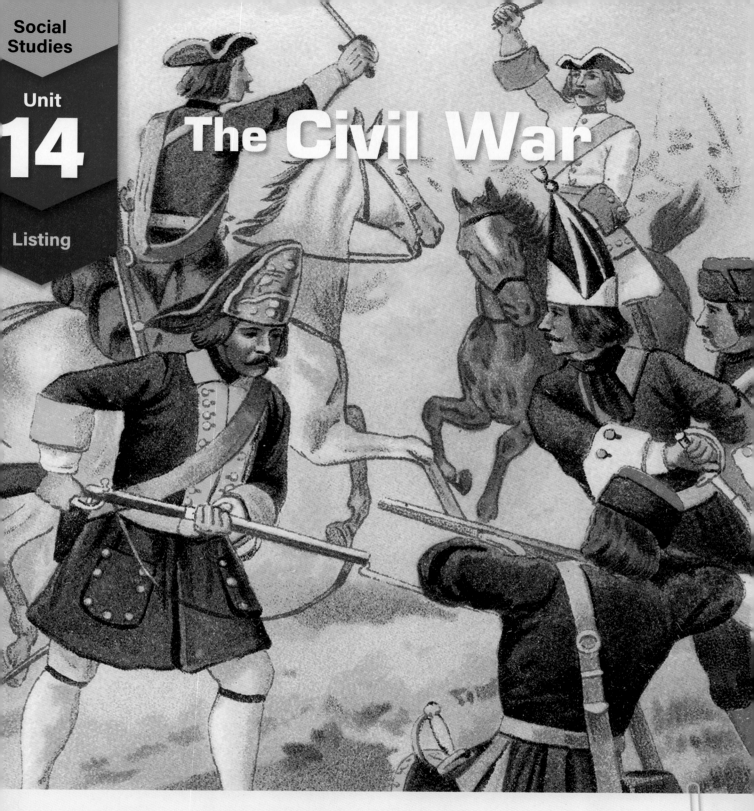

✔ *Check Your Background Knowledge*

Circle the correct words.

1. In the United States of America, many states had laws that (*allowed* / *ruled*) slavery.
2. Slavery is the practice of people (*including* / *owning*) slaves.
3. There were many people in the northern part of the United States who wanted laws (*contrary* / *against*) slavery.

The Civil War

In the spring of 1861, a deadly conflict exploded between the northern and southern parts of the United States. It was the Civil War. Eleven southern states wanted to leave the United States of America over the issues of slavery and states' rights. ❶They wanted to continue owning slaves, who labored on cotton plantations, and they did not want the federal government to interfere with their local laws. (A)

Both the North and the South thought the war would be short. (B)

▲ *The Battle of Chickamauga* by Kurz & Allison

Southern soldiers were good at riding horses and using guns. The South also had many well-trained officers. (C) The North had a larger population and more resources than the South. The North had factories that could make better weapons and uniforms for its armies.

Vocabulary

- **explode:** to burst outward, usually with noise
- **right:** something that is legal for a person to do
- **labor:** to work hard
- **plantation:** a large area of land especially in a hot part of the world where crops are grown
- **interfere:** to come between so as to be a hindrance or an obstacle

❷The South did well at the beginning of the war. (D) However, after President Lincoln issued the Emancipation Proclamation which abolished slavery, the conditions turned to the North's favor. The South lost to the North at the Battles of Vicksburg and Gettysburg in 1863. Finally, the war ended with the surrender of the South's General Lee in 1865.

▲ reproduction of the Emancipation Proclamation

Even though the cost of the war was huge, reconstruction started immediately. African Americans got citizenship. Best of all, Americans were able to preserve the Constitution and stay as one united country.

(Word Count ▶ 212)

- **surrender:** the act of admitting defeat
- **immediately:** without delay or hesitation
- **preserve:** to keep or maintain in an unaltered condition

Grammar Quiz

Gerund (V+ing)

- **Find the gerund in sentences ❶ and ❷.**

  ❶ _____

  ❷ _____

A **Choose the best answer.**

1. **What is the passage mainly about?**
   a. how African Americans became free
   b. the efforts of Americans to unite their country
   c. the background of the Civil War and its effects
   d. the process of making the Constitution in the United States

2. **What advantage did the South have?**
   a. cotton plantations
   b. a larger population
   c. well-trained soliders and officers
   d. factories of weapons and uniforms

3. **What made the war situation turn to the North's favor?**
   a. the surrender of the South's General Lee
   b. Lincoln's issuing the Emancipation Proclamation
   c. the federal government's interfering with local laws
   d. the South's defeat at the Battles of Vicksburg and Gettysburg

4. **Which statement about the effects of the Civil War is not true?**
   a. African Americans got citizenhip.
   b. The South continued owning slaves.
   c. Americans preserved the Constitution.
   d. Americans started to reconstruct immediately.

LEVEL UP! 5. **Insertion** **Where could the following sentence be added?**

   The South's strength was its armies.

   a. (A)   b. (B)   c. (C)   d. (D)

LEVEL UP! **B** **Writing** **Write the correct words to complete the sentence.**

6. Americans were able to preserve the Constitution and ____stay____
   _____ _____ _____ _____ after the Civil War.

A Choose the correct words to fill in the blanks.

| explode | rights | interfere | plantations | surrender | preserve |

1. They never allow the government to _____ with their movement.

2. If you push the button, the bomb will _____ in a few seconds.

3. Finally, Americans were able to _____ the Constitution and unite the country.

4. Lots of slaves labored on cotton _____.

5. The war ended with the _____ of the South's General Lee in 1865.

6. African Americans tried to win their _____.

B Choose the correct words to complete the sentences.

> **ex.** **The South did well at the <u>beginning</u> of the war.**
> Gerund (V+ing)

1. They wanted to continue (*owning* / *to own*) slaves.

2. Southern soldiers were good at (*ride* / *riding*) horses.

3. Southern soldiers were good at (*use* / *using*) guns.

4. The South did well at the (*begun* / *beginning*) of the war.

5. President Lincoln's (*issuing* / *to issue*) the Emancipation Proclamation made the conditions turn to the North's favor.

Organization & Summary

A Listing **Fill in the blanks to complete the organizer.**

The Background of the Civil War and Its Effects	
Before the war	Eleven southern states wanted to 1._____ the United States. not wanting the 2._____ government to interfere with their local laws
In 1861	A 3._____ exploded between the northern and southern parts.
In 1863	The south 4._____ at the Battles of Vicksburg and Gettysburg.
In 1865	The war ended with the 5._____ of the South's General Lee.
After the war	African Americans got citizenship. preserving the Constitution, staying as one 6._____ country

united   surrender   federal   conflict   lost   leave

B **Fill in the blanks to complete the summary.**

exploded   citizenship   local   preserve   ended   Battles

Eleven southern states wanted to leave the United States of America because they didn't want the federal government to interfere with their

❶_____ laws. In 1861, a conflict ❷_____ between the northern and southern parts of the United States. The South lost to the North at the ❸_____ of Vicksburg and Gettysburg in 1863. Finally, the war ❹_____ with the surrender of the South's General Lee in 1865. After the war, African Americans got ❺_____. And Americans were able to ❻_____ the Constitution and stay as one united country.

Recycling: A Way to Save

✔ *Check Your Background Knowledge*

Circle the correct words.

1. Pollution is something that causes damage or (*shapes* / *problems*) to the land, water, or air.
2. Pollution happens when trash or (*resources* / *chemicals*) get into the ground, water, or air.
3. When people and other living things do not have clean water, air, or soil, they may get (*sick* / *crack*).

Recycling: A Way to Save

People need natural resources to live. However, our natural resources are quickly disappearing. If we continue using oil so quickly, some scientists say we will not have enough oil for everyone in the near future.

▲ logging

What is a wise way to use natural resources? Recycling can be an answer. Recycling means to reuse materials by changing them into new products. It also reduces the amount of garbage going into landfills. Recycling saves energy.

❶It takes less energy to recycle materials than to produce new items. Saving energy means that we cause less air pollution and acid rain and fewer greenhouse gases.

Recently, many communities around the world are trying to recycle. It is easy to do. First, find out which materials can be recycled. Paper,

> **Vocabulary**
>
> • **disappear:** to stop existing
> • **reduce:** to cut down on
> • **garbage:** things that are no longer useful or wanted and that have been thrown out
> • **landfill:** an area where waste is buried under the ground
> • **pollution:** the state of being contaminated with harmful substances

Resource Recovery

glass, and plastic are the most common. Then, place the different materials in separate containers. Put them out for collection or take them to a recycling center. It is also important to buy recycled products or those that can be recycled. By buying recycled products, we can help to save energy and natural resources at the same time.

No one wants a world with dirty air, polluted water, and dry and barren soil. You can make a difference. ❷It is never too late to take action. Get started now!

(Word Count ▶ 214)

- **separate:** kept apart
- **collection:** the act or process of getting things from different places and bringing them together
- **barren:** producing inferior crops

Grammar Quiz

Impersonal pronoun *it*

- **Find what *It* represents in sentences ❶ and ❷.**

  ❶ _____

  ❷ _____

Comprehension Checkup

A Choose the best answer.

1. **What is the passage mainly about?**
   a. different kinds of natural resources
   b. many communities trying to recycle
   c. quickly disappearing natural resources
   d. saving energy and resources by recycling

2. **What is the best definition of recycling?**
   a. It is finding various causes of pollution.
   b. It is putting garbage in separate containers.
   c. It is producing new products with natural resources.
   d. It is reusing materials by changing them into new products.

3. **What are two advantages of recycling? (Choose two answers.)**
   a. It saves energy.
   b. It makes natural resources disappear quickly.
   c. It helps communities to sell more natural resources.
   d. It reduces the amount of garbage going into landfills.

4. **What is not a way of recycling?**
   a. Buy recycled products.
   b. Take the different materials to a landfill.
   c. Find out which materials can be recycled.
   d. Place the different materials in separate container.

5. **Purpose Why does the author mention the scientists' comment about oil in paragraph 1?**
   a. to give a reason for the high price of oil
   b. to explain why many countries are trying to save energy
   c. to agree with the idea that humans are the main cause of pollution
   d. to emphasize that disappearing natural resources is a serious problem

B Writing Write the correct words to complete the sentences.

6. By recyling, we can help to ___save___ _____ _____
   _____ _____ at the same time. Get started now!

Vocabulary & Grammar

A **Choose the correct words to fill in the blanks.**

| disappearing | landfills | garbage | collection | pollution | reduce |

1. Noise _____ is a big concern in areas with high populations.

2. Our natural resources are quickly _____.

3. Recycling is one of the best ways to _____ garbage.

4. Put the different materials out for _____.

5. Recycling reduces the amount of garbage going into _____.

6. Millions of tons of _____ are thrown into the oceans every year.

B **Underline the parts that the bolded _It_ represents.**

> **ex.**
> **It** is never too late _to take action_.
> _Impersonal pronoun it_

1. **It** takes less energy to recycle materials than to produce new items.

2. **It** is important to cause less air pollution and acid rain and fewer greenhouse gases for future generations.

3. **It** is also important to buy recycled products.

4. **It** is also important to buy products that can be recycled.

5. **It** is never too late to take action.

Organization & Summary

A **Problem & Solution** Fill in the blanks to complete the organizer.

Problem	Solution
• Our natural resources are quickly ¹._____. • We will not have ²._____ oil in the near future. • more air pollution, ³._____ rain, and greenhouse gases • the world with dirty air, polluted water, and dry and ⁴._____ soil	• ⁵._____ the amount of garbage going into landfills • ⁶._____ energy • buying recycled products • buying products that can be recycled

→

saving   enough   acid   disappearing   reducing   barren

B Fill in the blanks to complete the summary.

greenhouse   energy   garbage   resources   place   products

The wise way to use natural ❶_____ is recycling. Recycling reduces the amount of ❷_____ going into landfills. It also saves ❸_____. It means that we cause less air pollution and acid rain and fewer ❹_____ gases. Find out which materials can be recycled. Then, ❺_____ the different materials in separate containers. Put them out for collection or take them to a recycling center. And buy recycled ❻_____ or those that can be recycled.

Who Is Santa Claus?

✔ *Check Your Background Knowledge*

Circle the correct words.

1. Winter is the coldest (*season* / *place*) of the year.
2. In winter, some plants die because of the (*reduced* / *increased*) sunlight and cold temperatures.
3. The last of the leaves fall (*on* / *off*) some trees.

Who Is Santa Claus?

Who is Santa Claus? ❶Why do people think that he fills children's socks with presents on Christmas Eve?

▲ Saint Nicholas

The story of Santa Claus is originally based upon Saint Nicholas, a Christian bishop from Lycia. He was born in the 4th century and was known for giving gifts to the poor and children.

The name Santa Claus is an American version. It comes from Sinterklaas, which was the Dutch name for Saint Nicholas. When Dutch settlers arrived in New Amsterdam in the 17th century, they brought with them their practice of leaving shoes out for Saint Nicholas to fill with gifts. The name Sinterklaas later changed into Santa Claus.

Vocabulary

- **fill:** to make full
- **originally:** in the beginning
- **settler:** a person who settles in a new colony or moves to a new country
- **subject:** the thing you are talking about or considering in a conversation or a discussion
- **literature:** written works (such as poems, plays, and novels) that are considered to be very good

During the 19th century, Santa Claus became a rich subject in children's literature. His mythology gained more detail through poems such as "A Visit From Saint Nicholas." The most modern version of Santa Claus, who wears red clothing and black boots and has a white beard, was invented by an advertisement for Coca-Cola in 1939.

Santa Claus has many different names depending on the language and place. He is called Father Christmas in England and Père Noël in France. He is also known as Shendang Laoren in China. ❷What is Santa Claus called in your country?

(Word Count ▶ 204)

- **mythology:** ideas that are believed by many people but that are not true
- **gain:** to increase in (a particular quality)
- **beard:** the hair growing on the lower part of a man's face

Grammar Quiz

Interrogative

- **Find the question words in sentences ❶ and ❷.**

  ❶ _____

  ❷ _____

Comprehension Checkup

A Choose the best answer.

1. **What is the passage mainly about?**
   a. the origin of Santa Claus
   b. the most popular presents on Christmas Eve
   c. how Santa Claus is described in advertisements
   d. how Santa Claus is described in children's literature

2. **Which statement about Saint Nicholas is not true?**
   a. He was born in the 4th century.
   b. He was a Christian bishop from Lycia.
   c. The story of Santa Claus is based upon him.
   d. He was known for giving shoes to the poor and children.

3. **What is the role of children's literature in the story of Santa Claus?**
   a. It gave Santa Claus more detail.
   b. It connected Santa Claus to Saint Nicholas.
   c. It described Santa Claus as we know him today.
   d. It created the name 'Santa Claus' for the first time.

4. **How was the modern version of Santa Claus invented?**
   a. from England and France
   b. from mythology of Santa Claus
   c. by the settlers in New Amsterdam
   d. by an advertisement for Coca-Cola

5. **Inference What can be inferred from the passage?**
   a. Santa Claus is expected to leave his shoes out.
   b. Santa Claus is a universal concept around the world.
   c. Santa Claus is believed to be made for a religious purpose.
   d. Different cultures make Santa Claus have different appearances.

B Writing Write the correct words to complete the sentence.

6. Santa Claus has ___many___ _____ _____ depending on the language and place.

Vocabulary & Grammar

A Choose the correct words to fill in the blanks.

fill	originally	literature	subjects	mythology	beard

1. Santa Claus's _____ gained more detail through poems such as "A Visit From Saint Nocholas."

2. Santa Claus became a rich subject in children's _____.

3. The name Santa Claus _____ comes from Saint Nicholas.

4. There are many storybooks of various _____ in Santa Claus's library.

5. My parents _____ our socks with presents every Christmas Eve.

6. Not just anyone can become Santa Claus just because he has a _____.

B Choose the correct words to complete the sentences.

> ex. **Who** is Santa Claus?
> *Interrogative*

1. (*Why / Who*) do people think that he fills children's socks with presents on Christmas Eve?

2. (*When / What*) did Dutch settlers arrive in New Amsterdam?

3. (*When / How*) was Santa Claus invented by an advertisement for Coca-Cola in 1939?

4. (*Why / What*) is Santa Claus called in England?

5. (*When / What*) is Santa Claus called in your country?

A Listing **Fill in the blanks to complete the organizer.**

The Origins of Santa Claus	
In the 4th century	Saint Nicholas, a Christian 1._____ giving 2._____ to the poor and children
In the 17th century	the name from Sinterklaas, the Dutch name Dutch 3._____ brought their practice of leaving shoes out for Saint Nicholas to fill with gifts.
During the 19th century	more detail through children's 4._____
In 1939	the modern version with red clothing, black boots, and a white 5._____ invented by an 6._____ for Coca-Cola

poems   settlers   beard   advertisement   gifts   bishop

B **Fill in the blanks to complete the summary.**

version   gained   shoes   based   children   invented

The story of Santa Claus is originally ❶_____ upon Santa Nicholas, a Christian bishop who gave gifts to the ❷_____ in the 4th century. The name Santa Claus came from Sinterklaas, the Dutch name. In the 17th century, Dutch settlers brought with them their practice of leaving ❸_____ out for Sinterklaas to fill with gifts. Santa Claus ❹_____ more detail through children's poems during the 19th century. The modern ❺_____ of Santa Claus was ❻_____ by an advertisement for Coca-Cola in 1939.

· Review Test ·

▶ Answer Key p.73

A. Check the correct words to complete the sentences.

1. Immigrants from all over the world have made _____ to the United States.

   a. results   b. surrender   c. contributions   d. religion

2. Many people moved to America because of the _____ land.

   a. plentiful   b. ordinary   c. federal   d. barren

3. Many different _____ groups and their different cultures now coexist in the United States.

   a. quick   b. ethnic   c. deadly   d. larger

4. Southern states wanted to continue owning slaves, who _____ on cotton plantations.

   a. interfered   b. labored   c. preserved   d. exploded

5. President Lincoln _____ the Emancipation Proclamation, which abolished slavery.

   a. issued   b. separated   c. disappered   d. polluted

6. Recycling _____ the amount of garbage going into landfills.

   a. puts   b. buys   c. reduces   d. continues

7. Put materials out for _____ or take them to a recycling center.

   a. actions   b. collection   c. resources   d. communities

8. The story of Santa Claus is originally _____ upon Saint Nicholas.

   a. become   b. known   c. filled   d. based

9. Santa Claus became a _____ subject in children's literature.

   a. rich   b. wise   c. modern   d. red

10. Santa Claus's mythology gained more _____ through poems.

   a. shoes   b. practices   c. detail   d. boots

B. Correct the underlined parts.

1. <u>In</u> Christopher Columbus landed on the continent of America, the first immigrants went to this new land. ➡ _____

2. <u>Toward</u> the years, immigrants have made contributions to the United States. ➡ _____

3. They wanted to continue <u>owned</u> slaves. ➡ _____

4. Southern soldiers were good at <u>ride</u> horses. ➡ _____

5. The South did well at the <u>begun</u> of the war. ➡ _____

6. <u>Its</u> takes less energy to recycle materials than to produce new items. ➡ _____

7. It is also important <u>buying</u> recycled products. ➡ _____

8. It is never too late <u>taken</u> action. ➡ _____

9. <u>What</u> did Dutch settlers arrive in New Amsterdam? ➡ _____

10. <u>Why</u> is Santa Claus called in England? ➡ _____

PART 3

Language Arts & Math

Unit 17 The Ten Suns

Unit 18 Tikki Tikki Tembo

Unit 19 Using Estimation Strategies

Unit 20 They Travel in Fives

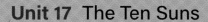

The Ten Suns

✔ *Check Your Background Knowledge*

Circle the correct words.

1. The sky is made up of (*gas / light*) molecules.
2. The sun (*lights / scatters*) the sky and the earth during the day.
3. The sun's (*size / energy*) warms the air and water.

The Ten Suns 🎧

A long time ago, the god of the sky, Di Jun, lived with his wife and ten suns. The suns never went outside together. Because their heat would be too much to bear. Each morning, Di Jun's wife took one sun to the eastern horizon. Then, her sun walked across the sky. The people on the ground were thankful for the sun and offered gifts to Di Jun and his wife.

One morning, one sun said, "The walk could be fun if I had some company."

The ten suns all agreed to go out together and went out to the sky. The suns were laughing and talking with each other. ❶They were having fun. (A)

Vocabulary

- **bear:** to accept or endure (someone or something)
- **horizon:** the line at which the sky and the Earth appear to meet
- **offer:** to present something as an act of worship or devotion
- **company:** someone you spend time with or enjoy being with
- **agree:** to have the same opinion

When dawn came, the people were shocked to see all the suns. The crops withered, and the rivers and lakes dried up. (B) The people and animals also became weak.

Di Jun called his suns to come back, but they did not listen. The suns did not know what damage they were causing. ❷The ten suns were destroying everything on the ground. (C)

With tears in his eyes, Di Jun shot nine out of his ten suns. The suns became crows. (D)

Each day, the sun takes his walk. And each morning, the other nine sons greet their brothers as crows and wait for their parents' forgiveness.

(Word Count ▶ 218)

- **dawn:** the first light of day
- **wither:** to lose freshness, vigor, or vitality
- **damage:** physical harm that is done to something or to someone's body

Past progressive

- **Find the verbs in sentences ❶ and ❷.**

  ❶ _____

  ❷ _____

A **Choose the best answer.**

1. **What is the passage mainly about?**

   a. the god of the sky, Di Jun

   b. why we are thankful for the sun

   c. the reason the ground was destroyed

   d. the legend of why there is only one sun

2. **Why did the ten suns never go outside together?**

   a. because their heat would be too much to bear

   b. because Di Jun never agreed to their taking a walk

   c. because it was hard for their mom to take them at once

   d. because the people on the ground didn't welcome them

3. **What did not happen when the suns went out together and had fun?**

   a. The crops withered.

   b. Crows greeted the suns.

   c. The rivers and lakes dried up.

   d. The people and animals also became weak.

4. **What did Di Jun do? (Choose two answers.)**

   a. He forgave his suns.

   b. He shot his nine suns.

   c. He made one out of his ten suns become a crow.

   d. He called his suns to come back, but it didn't work.

LEVEL UP! 5. **Insertion** **Where could the following sentence be added?**

   Soon, only one sun was left in the sky.

   a. (A)   b. (B)   c. (C)   d. (D)

LEVEL UP! **B** **Writing** **Write the correct words to complete the sentences.**

6. Each day, the sun takes his walk. And the other nine sons ____*greet*____

   _____ _____ _____ _____ and wait for their

   parents' forgiveness.

Vocabulary & Grammar

A Choose the correct words to fill in the blanks.

| horizon | bear | agreed | dawn | withered | damage |

1. He is watching the sun on the eastern _____.

2. The ten suns all _____ to go on a picnic together.

3. The people couldn't _____ their heat.

4. The suns were laughing and talking with each other until _____.

5. The hot weather caused a lot of _____ to our farm.

6. It didn't rain for months, and all the crops _____.

B Choose the correct words to complete the sentences.

ex.
> **The suns <u>were laughing</u> with each other.**
> *Past progressive*

1. Di Jun's wife (*was taking* / *was taken*) one sun to the eastern horizon.

2. Her sun (*was walking* / *was walked*) across the sky.

3. The suns (*laughs and talks* / *were laughing and talking*) with each other.

4. They (*were having* / *were had*) fun.

5. The suns did not know what damage they (*were causing* / *were caused*).

Organization & Summary

A | Cause & Effect | **Fill in the blanks to complete the organizer.**

Cause		Effect
The suns' heat would be too much to 1._____.	→	The suns never went out together.
Di Jun's wife took one sun to the eastern horizon. Her sun walked 2._____ the sky.	→	The people on the ground were 3._____ for the sun.
The ten suns went out to the sky.	→	Everything on the ground was 4._____.
Di Jun called his suns to come back, but they didn't 5._____.	→	Di Jun 6._____ nine out of his ten suns.

| across | thankful | listen | bear | destroyed | shot |

B **Fill in the blanks to complete the summary.**

| withered | dried | horizon | called | heat | tears |

Di Jun lived with his wife and ten suns. Because the suns' ❶_____ would be too much to bear, the suns never went outside together. Each morning, Di Jun's wife took one sun to the eastern ❷_____. Then, her sun walked across the sky. One day, the ten suns all went out to the sky. Soon the crops ❸_____, and the rivers and lakes ❹_____ up. Di Jun ❺_____ his suns to come back, but they didn't listen. With ❻_____ in his eyes, Di Jun shot nine out of his ten suns.

Tikki Tikki Tembo

✔ *Check Your Background Knowledge*

Circle the correct words.

1. In families, we share (*homework* / *housework*) and take care of one another.
2. A nuclear family (*follows* / *consists of*) a father, a mother, and one or more chlidren.
3. An extended familly includes more than just (*siblings* / *parents*) and children.

Tikki Tikki Tembo 🎧

Tikki Tikki Tembo Nosa Rembo Chari Bari Ruchi Pip Peri Pembo was the first son in a Chinese family. ❶As the first son, his name had to be spoken completely and reverently.

One spring day, Tikki Tikki Tembo and his younger brother went outside to play, and their mother told them to be very careful. All was well until Tikki Tikki Tembo fell into their well.

He shouted to his younger brother to fetch the ladder for him to get out of the well. His younger brother dashed back to his mother and tried to tell her what had happened. But, because his brother's name was so long it took quite some time for his mother to comprehend what had happened.

"Tikki Tikki Tembo Nosa Rembo Chari Bari Ruchi Pip Peri Pembo fell into the well. We need a ladder to help Tikki Tikki Tembo Nosa Rembo Chari Bari Ruchi Pip Peri Pembo to get out of the well," ❷the younger brother barely finished saying.

Vocabulary

- **fetch:** to come after and to bring or take back
- **dash:** to run or move very quickly or hastily
- **comprehend:** to get the meaning of something
- **servant:** a person who works for another person or family
- **rescue:** to save (someone or something) from danger or harm
- **recover:** to return to a normal state of health, mind, or strength
- **ordeal:** an experience that is very unpleasant

His mother was very shocked, so it took even more time for her to tell her servant to bring the ladder.

"Find the ladder for Tikki Tikki Tembo Nosa Rembo Chari Bari Ruchi Pip Peri Pembo," cried his mother.

So, when Tikki Tikki Tembo was rescued, it took a very long time for him to recover from his ordeal because he had been in the well so long.

Fortunately, this taught the Chinese people a lesson in their naming convention.

(Word Count ▶ 245)

or difficult
- **convention:** a custom that is accepted and followed by many people

Adverbs

- **Find the words that describe the act or condition of something in sentences ❶ and ❷.**

  ❶ _____   ❷ _____

A **Choose the best answer.**

1. **What is the passage mainly about?**
   a. following one's mother's advice
   b. conventions of Chinese naming
   c. a lesson learned from bad naming
   d. an ordeal because of a bad brother

2. **What accident happened to two brothers?**
   a. Tikki Tikki Tembo fell into the well.
   b. Two brothers didn't listen to their mother, and went outside.
   c. The younger brother didn't call Tikki Tikki Tembo's full name.
   d. Tikki Tikki Tembo made his younger brother fall into the well.

3. **What made it take a long time for Tikki Tikki Tembo to be rescued?**
   a. the ladder   b. his long name
   c. the servant   d. his mother's advice

4. **How was Tikki Tikki Tembo after being rescued?**
   a. He suffered from his ordeal till he died.
   b. Fortunately, he recovered well in a short time.
   c. He didn't want to go outside to play anymore.
   d. He needed a very long time to recover from his ordeal.

LEVEL UP! 5. **Inference** **What can be inferred from the passage?**
   a. Long names meant a huge fortune for Chinese.
   b. Every house had a well in China in the old days.
   c. Only sons from rich families could have long names in China.
   d. The first son was regarded as important and valuable in Chinese culture.

LEVEL UP! B **Writing** **Write the correct words to complete the sentence.**

6. Tikki Tikki Tembo had been in the well so long because ____*his*____
   _____ _____ took ____*quite*____ _____ _____ for
   his brother and mother to handle the accident.

Vocabulary & Grammar

A Choose the correct words to fill in the blanks.

recover	ordeal	dashed	convention	servant	comprehend

1. He _____ up a hill to see the stars in the night sky.

2. We had better break such a harmful _____ like this.

3. Every day, she asked her _____ to prepare a meal for her children.

4. It'll take time for her to _____ from the illness.

5. It is too difficult for me to _____ the question.

6. It took a very long time for him to recover from his _____.

B Choose the appropriate places for the adverbs.

> **ex.** As the first son, his name had to be spoken <u>completely</u> and <u>reverently</u>.
>
> *Adverbs*

1. His ① brother's name ② was ③ long. (← so)

2. It took ① some ② time for his mother to ③ comprehend what had happened. (← quite)

3. The younger brother ① finished ② saying his brother's name ③. (← barely)

4. ① This ② taught the Chinese people a lesson in their naming conventions ③. (← F(f)ortunately,)

5. As the first son, ① his name had to be ② spoken ③. (← completely)

Organization & Summary

A **Cause & Effect** Fill in the blanks to complete the organizer.

Cause		Effect
Tikki Tikki Tembo was the first son.	→	His name had to be spoken 1._____ and reverently.
Tikki Tikki Tembo fell into the 2._____.	→	He shouted for his younger brother to 3._____ the ladder.
Tikki Tikki Tembo's name was too 4._____.	→	It took a long time for his mother to 5._____ what had happened.
Tikki Tikki Tembo had been in the well so long.	→	It took a very long time for him to 6._____ from his ordeal.

well   recover   fetch   comprehend   long   completely

B Fill in the blanks to complete the summary.

ordeal   first   ladder   servant   fell   spoken

Because Tikki Tikki Tembo was the ❶_____ son in a Chinese family, his name had to be ❷_____ completely and reverently. One day, he ❸_____ into their well. His younger brother came to fetch the ❹_____. But it took a long time for his mother to comprehend what had happened because his brother's name was so long. It took even more time for his mother to tell her ❺_____ to bring the ladder. Because Tikki Tikki Tembo had been in the well so long, it took a very long time for him to recover from his ❻_____.

Using Estimation Strategies

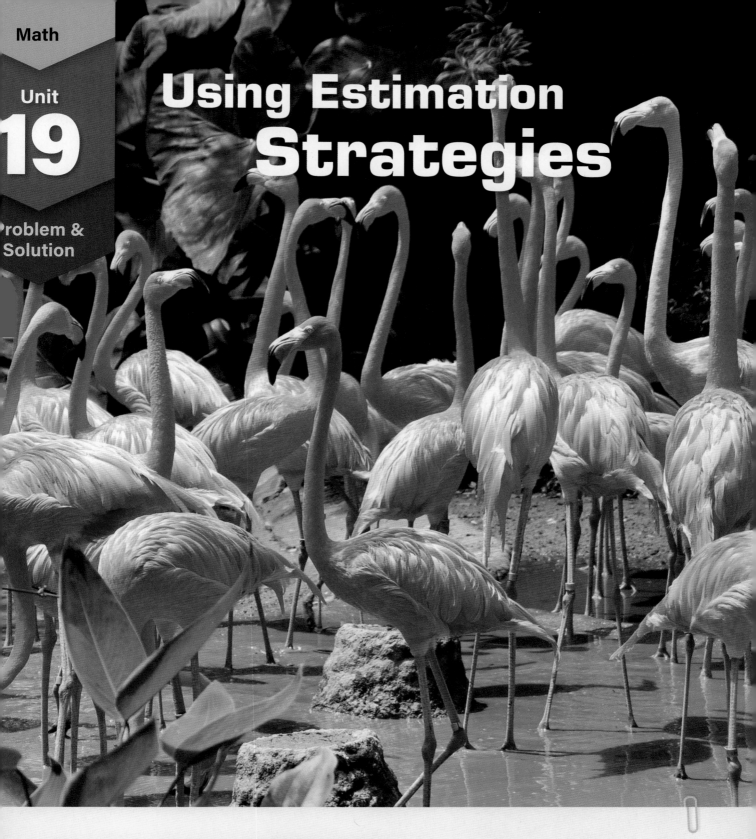

✔ *Check Your Background Knowledge*

Circle the correct words.

1. (*Close / Count*) how many oranges are left on the fruit stand.
2. First, (*put / stand*) them into groups of ten.
3. Then, count (*how much / how many*) groups you have.

Using Estimation Strategies 🎧

You may read an article about twelve thousand flamingos that visited the Everglades in Florida. ❶Or you may hear the news that millions of comma butterflies moved north of Edinburgh. In these cases, how can the reporter or scientist figure out their numbers?

It's almost impossible to count the birds or butterflies in a large population. Scientists and reporters can figure out these large numbers by using estimation strategies. An estimation is an approximate calculation of a quantity or value. It involves using clues to make a sensible guess or estimate.

For example, suppose you need to count the beads in a large jar. You can use a lesser number or an amount of something as a benchmark to estimate a greater number or amount. In this case, first take out five beads from the jar. Next, guess how many times you need to grab five beads to empty the jar. ❷Then, you can estimate the number of beads without counting them one by one.

This is the same way that scientists and reporters determine the number of birds in a large population in an area. They choose a benchmark number of birds in a small area. Then, they figure out the approximate number of all the birds in the entire area.

(Word Count ▶ 212)

Grammar Quiz

Auxiliary verbs: *may, can*

- **Find the words that have the same meaning with the below in sentences ❶ and ❷.**

  ❶ be possible = _____

  ❷ be able to = _____

A Choose the best answer.

1. **What is the passage mainly about?**
   a. what estimation strategies are
   b. how to count large polulations in an area
   c. the difficulties in counting living creatures
   d. some amazing news about animals and insects

2. **What is needed to estimate a great number or amount?**
   a. a jar of beads
   b. a report on the population
   c. a benchmark number
   d. an article in a newspaper

3. **What is an incorrect explanation about estimation strategies?**
   a. It involves using clues to make a sensible guess.
   b. It is an approximate calculation of a quantity or value.
   c. We can use a lesser number of something as a benchmark.
   d. It can be used in figuring out numbers, not an amount of something.

4. **Which number can be found without using an estimation strategy?**
   a. the number of beads in a large jar
   b. the number of students in a classroom
   c. the number of crowded people in an wide square
   d. the number of birds in a large population in an area

LEVEL UP! 5. **Purpose** **Why does the author mention the flamingos and comma butterflies?**
   a. to introduce interesting creatures in the world
   b. to get readers interested in estimation strategies
   c. to support the idea that scientists should only use exact figures
   d. to give a reason why reporters should learn estimation strategies

LEVEL UP! **B** **Writing** Write the correct words to complete the sentence.

6. You can count the number of something in _____*a*_____ _____
   _____ by using _____ _____.

Vocabulary & Grammar

A Choose the correct words to fill in the blanks.

flamingos	case	quantity	involves	benchmark	approximate

1. In this _____, we can figure out numbers by using estimation strategies.

2. Estimation _____ using clues to make a sensible guess or estimate.

3. How many _____ are there in the national park?

4. First of all, we can set a _____ for the number of birds in a small area.

5. An estimation is an approximate calculation of a _____ or value.

6. They figured out the _____ number of ants in the area.

B Choose the correct words to complete the sentences.

> **ex.** **You can estimate the number of beads without counting them one by one.**
> *Auxiliary verbs: may, can*

1. You (*may / mays*) read an article about twelve thousand flamingos that visit the Everglades.

2. You (*may hear / may heard*) the news that millions of comma butterflies moved north of Edinburgh.

3. How (*may / can*) the reporter or scientist figure out their numbers?

4. You (*can use / can using*) a lesser number or an amount of something as a benchmark.

5. You (*can estimate / can estimated*) the number of beads without counting them one by one.

Organization & Summary

A **Problem & Solution** Fill in the blanks to complete the organizer.

Problem	Solution
How do scientists 1._____ the number of birds in a large population in an area?	**using estimation strategies** choose a benchmark number of birds in a small area ➡ figure out the 2._____ number of the birds in the 3._____ area
How can we count the number of beads in a large jar?	4._____ five beads from the jar ➡ guess how many times you need to 5._____ five beads to 6._____ the jar

> entire   approximate   grab   determine   take out   empty

B Fill in the blanks to complete the summary.

> guess   quantity   estimation   figure out   benchmark   small

Scientists use ❶_____ strategies to figure out the large number of birds in an area. It is an approximate calculation of a ❷_____ or value. Let's count the beads in a jar. First, take out five from the jar. And ❸_____ how many times you need to grab five beads to empty the jar. Then, you can ❹_____ the number of beads. In this way, scientists choose a ❺_____ number of birds in a ❻_____ area and figure out the approximate number of all the birds in the entire area.

They Travel in Fives

✔ *Check Your Background Knowledge*

Circle the correct words.

1. If you have 6 apples, and you get 1 (more / less), you will have 7 apples.
2. If you have 5 pencils, and you give 1 away, you will have 4 pencils (added / left).
3. Except for first, second, and third, ordinal numbers (start / end) in "th."

They Travel in Fives 🎧

The animals living in Alaska wanted to go to see the northern lights.

"There are only thirty seats left," said Leader Polar Bear.

"Then, half should be for us penguins, and the rest can be for the polar bears," said Leader Penguin in a reasonable voice.

The polar bears and penguins needed to take the floating pieces of ice to get a closer look. But how could they count to thirty? (A)

"Okay, all the polar bears get on the ice," instructed Leader Polar Bear. (B)

The polar bears stepped onto the ice. ❶Some fell into the water and did not know what to do. No one knew how many polar bears or penguins could fit on one piece of ice. ❷And, sadly, no one knew how to count to thirty.

Then, a young polar bear approached the leaders and said, "If five animals ride on one piece of ice, it will be easier to count." (C)

"Five!" yelled an angry penguin.

"If five animals are on one piece, six pieces of ice will equal thirty," the young polar bear responded.

The animals gathered six pieces of ice. It was easy to see how they should share the six pieces of ice. To make the numbers even between the polar bears and the penguins, three pieces were for the polar bears, and three were for the penguins.

"One, two, three, four, five," the animals chanted in one voice. (D)

Six pieces of ice—five animals on each piece of ice—made a total of thirty animals that sailed to see the light show.

(Word Count ▶ 259)

- **respond:** to say something in return
- **gather:** to come together to form a group
- **chant:** to say (a word or phrase) many times in a rhythmic way usually with other people

Grammar Quiz

Interrogative + to-infinitive

- **Find the objects in sentences ❶ and ❷.**

  ❶ _____

  ❷ _____

Comprehension Checkup

A Choose the best answer.

1. **What is the passage mainly about?**
   a. where the animals wanted to go
   b. how the animals counted to thirty
   c. what made the animals float on the ice
   d. why the animals wanted to see the northern lights

2. **Why did the polar bears and penguins need to take the floating pieces of ice?**
   a. to dive into the water
   b. to meet other animals
   c. to take a trip to the North Pole
   d. to get a closer look at the northern lights

3. **Who came up with the idea of counting to thirty?**
   a. an angry penguin
   b. Leader Penguin
   c. a young polar bear
   d. Leader Polar Bear

4. **What was the way the animals came up with to count to thirty?**
   a. Ten animals rode on three pieces of ice.
   b. All of the animals gathered on one piece of ice and rode on it.
   c. Three bears and three penguins rode on the five pieces of ice.
   d. The animals gathered six pieces of ice to carry five animals on each piece.

LEVEL UP! 5. **Insertion** Where could the following sentence be added?

> All the animals looked at each other in confusion.

a. (A)   b. (B)   c. (C)   d. (D)

LEVEL UP! **B** **Writing** Write the correct words to complete the sentence.

6. Six pieces of ice—five animals on each piece of ice—made a total of thirty animals that _____*sailed*_____ _____ _____ _____

_____ ___*show*___ .

Vocabulary & Grammar

A Choose the correct words to fill in the blanks.

| fit | reasonable | instructed | yelled | gathered | chant |

1. No one knew how many polar bears or penguins could _____ on one piece of ice.

2. An angry penguin _____, "Five!"

3. I really hope we can work out a _____ solution.

4. They began to _____ louder and louder.

5. The animals _____ six pieces of ice.

6. A young polar bear _____ how to ride on one piece of ice.

B Choose the correct words to complete the sentences.

> **ex.**
> **No one knew <u>how to count</u> to thirty.**
> *Interrogative + to–infinitive*

1. Some fell into the water and did not know (*what did / what to do*).

2. No one knew (*how to count / how to counted*) to thirty.

3. It was easy to find out (*how to share / how to sharing*) the six pieces of ice.

4. Leader Polar Bear instructed (*when start to / when to start*).

5. All of the animals knew exactly (*where to do / where to go*).

Organization & Summary

A **Plot** Fill in the blanks to complete the organizer.

	They Travel in Fives
Head	Polar bears and penguins wanted to go to 1._____ the northern lights.
Problem	There were only thirty seats left. No one knew how 2._____ polar bears or penguins could fit on one piece of ice or how to 3._____ to thirty.
Solution	A young polar bear said, "If five animals stepped on one piece of ice then six pieces of ice 4._____ thirty." Three 5._____ were for the polar bears, and three were for the penguins.
Ending	They 6._____ to see the light show.

many	equaled	count	sailed	pieces	see

B Fill in the blanks to complete the summary.

penguins	left	fit	Finally	even	stepped

Polar bears and penguins wanted to go to see the northern lights. There were only thirty seats ❶_____. No one knew how many polar bears or penguins could ❷_____ on one piece of ice or how to count to thirty. A young polar bear said, "If five animals ❸_____ on each piece of ice, then six pieces of ice equaled thirty animals." To make the numbers ❹_____ between the polar bears and the penguins, three pieces were for the polar bears, and three were for the ❺_____.
❻_____, they sailed to see the light show.

A. Check the correct words to complete the sentences.

1. The heat from the ten suns would be too much to _____.
   a. bear   b. offer   c. destroy   d. agree

2. The crops _____, and the rivers and lakes dried up.
   a. walked   b. laughed   c. withered   d. rescued

3. Tikki Tikki Tembo shouted to his younger brother to _____ the ladder for him.
   a. fall   b. recover   c. teach   d. fetch

4. It took quite some time for his mother to _____ what had happened.
   a. count   b. grab   c. determine   d. comprehend

5. This taught the Chinese people a lesson in their naming _____.
   a. convention   b. horizon   c. reporter   d. servant

6. An estimation is an _____ calculation of a quantity of value.
   a. original   b. weak   c. approximate   d. empty

7. You can use a lesser number or an amount of something as a _____.
   a. jar   b. benchmark   c. population   d. strategy

8. "All the polar bears get on the ice," _____ Leader Polar Bear.
   a. instructed   b. needed   c. stepped   d. counted

9. A young polar bear _____ the leaders.
   a. rode   b. shared   c. fitted   d. approached

10. "One, two, three, four, five," the animals _____ in one voice.
    a. looked   b. knew   c. chanted   d. equaled

B. Correct the underlined parts.

1. Her sun was <u>walked</u> across the sky. ➡ _____

2. The suns did not know what damage they were <u>caused</u>.
   ➡ _____

3. His brother's name was <u>long so</u>. ➡ _____

4. The younger brother <u>finished barely saying</u> his brother's name.
   ➡ _____

5. You <u>may can</u> read an article about twelve thousand flamingos that visit the Everglades. ➡ _____

6. How can the reporter <u>figured</u> out their numbers? ➡ _____

7. You can <u>figuring</u> out the number of beads without counting them one by one.
   ➡ _____

8. Some fell into the water and did not know what to <u>doing</u>.
   ➡ _____

9. No one knew <u>how count</u> to thirty. ➡ _____

10. It was easy to find out how to <u>sharing</u> the six pieces of ice.
    ➡ _____

English	품사	뜻
prominent	형	저명한
achieve	동	성취하다, 달성하다
situation	명	상황
colony	명	식민지
belong to		~에 속하다
military	명	군대
serve	동	복무하다, 근무하다
devoted	형	헌신적인
politician	명	정치인
general	명	장군
commander	명	지휘관
unfair	형	불공평한
demand	동	요구하다
elect	동	선출하다
integrity	명	진실성

English	품사	뜻
destroy	동	파괴하다
immense	형	거대한
at once		즉시
kingdom	명	왕국
unfriendly	형	비우호적인
seize	동	점령하다
conquer	동	정복하다
emperor	명	황제
section	명	구역
complete	동	완성하다
soldier	명	군인
dynasty	명	왕조
extension	명	확장
invader	명	침략자
guard	동	경계하다, 감시하다

접는선

UNIT 12 Martin Luther King

- [ ][ ][ ] racial 형 인종의
- [ ][ ][ ] equality 명 평등
- [ ][ ][ ] racism 명 인종 차별
- [ ][ ][ ] African American 명 아프리카계 미국인
- [ ][ ][ ] boycott 명 불매 운동
- [ ][ ][ ] victory 명 승리
- [ ][ ][ ] peaceful 형 평화적인
- [ ][ ][ ] demonstration 명 시위
- [ ][ ][ ] protest 동 항의하다
- [ ][ ][ ] treatment 명 대우
- [ ][ ][ ] nonviolent 형 비폭력적인
- [ ][ ][ ] pursuit 명 추구
- [ ][ ][ ] justice 명 정의
- [ ][ ][ ] death 명 죽음
- [ ][ ][ ] mourn 동 추모하다

UNIT 09 The Rocky Mountains

- [ ][ ][ ] range 명 산맥
- [ ][ ][ ] extend 동 (특정 지역·거리를) 뻗다, 포괄하다
- [ ][ ][ ] stretch 동 뻗어 있다
- [ ][ ][ ] rugged 형 바위투성이의
- [ ][ ][ ] valley 명 계곡
- [ ][ ][ ] feature 명 특징
- [ ][ ][ ] wildflower 명 야생화
- [ ][ ][ ] evergreen 명 상록수
- [ ][ ][ ] resource 명 자원
- [ ][ ][ ] metal 명 금속
- [ ][ ][ ] mineral 명 광물
- [ ][ ][ ] valuable 형 가치가 큰
- [ ][ ][ ] copper 명 구리
- [ ][ ][ ] wire 명 전선, 선
- [ ][ ][ ] national 형 국립의, 국가의

☐☐☐	**immigrant**	명	이민자
☐☐☐	**background**	명	배경
☐☐☐	**contribution**	명	기여
☐☐☐	**land**	동	(비행기·배를 타고) 도착하다
☐☐☐	**adventurer**	명	모험가, 탐험가
☐☐☐	**fortune**	명	재산, 거금
☐☐☐	**ordinary**	형	평범한
☐☐☐	**plentiful**	형	풍부한
☐☐☐	**opportunity**	명	기회
☐☐☐	**will**	명	의지
☐☐☐	**toward**	전	쪽으로, ~쯤
☐☐☐	**explore**	동	탐험하다
☐☐☐	**continuous**	형	지속적인
☐☐☐	**ethnic**	형	민족의
☐☐☐	**coexist**	동	공존하다

접는선

☐☐☐	**thunder**	명	천둥
☐☐☐	**vibration**	명	진동
☐☐☐	**atom**	명	원자
☐☐☐	**shake**	동	흔들리다
☐☐☐	**wave**	명	파동, 파장
☐☐☐	**solid**	형	단단한
☐☐☐	**vacuum**	명	진공
☐☐☐	**astronaut**	명	우주비행사
☐☐☐	**wireless**	형	무선의
☐☐☐	**high-pitched**	형	(소리가) 높은
☐☐☐	**low-pitched**	형	(소리가) 낮은
☐☐☐	**language**	명	언어
☐☐☐	**barrier**	명	장벽
☐☐☐	**sonic**	명	음속의, 소리의
☐☐☐	**boom**	명	쾅, 탕(하는 소리)

☐☐☐	deadly	형	치명적인
☐☐☐	conflict	명	갈등
☐☐☐	explode	동	폭발하다
☐☐☐	right	명	권리
☐☐☐	labor	동	노동하다
☐☐☐	plantation	명	(대규모) 농장
☐☐☐	federal	형	연방 정부의
☐☐☐	interfere	동	간섭하다
☐☐☐	army	명	군대
☐☐☐	officer	명	장교
☐☐☐	population	명	인구
☐☐☐	surrender	명	항복
☐☐☐	reconstruction	명	재건
☐☐☐	immediately	부	즉시, 즉각
☐☐☐	preserve	동	보존하다

☐☐☐	wonder	동	궁금해하다
☐☐☐	erupt	동	폭발하다
☐☐☐	molten	형	녹은
☐☐☐	mantle	명	(지구의) 맨틀
☐☐☐	lava	명	용암
☐☐☐	harden	동	굳다, 단단해지다
☐☐☐	surface	명	표면
☐☐☐	push	동	밀다
☐☐☐	crust	명	(지구의) 지각
☐☐☐	extremely	부	극도로
☐☐☐	active	형	활화산의, 활동적인
☐☐☐	earthquake	명	지진
☐☐☐	dangerous	형	위험한
☐☐☐	ash	명	재, 먼지
☐☐☐	soil	명	토양

☐☐☐	**disappear**	통 사라지다
☐☐☐	**continue**	통 계속하다
☐☐☐	**wise**	형 현명한
☐☐☐	**recycling**	명 재활용
☐☐☐	**reuse**	통 재사용하다
☐☐☐	**reduce**	통 줄이다
☐☐☐	**garbage**	명 쓰레기
☐☐☐	**landfill**	명 매립지
☐☐☐	**pollution**	명 오염
☐☐☐	**acid rain**	명 산성비
☐☐☐	**greenhouse gases**	명 온실가스
☐☐☐	**recently**	부 최근에
☐☐☐	**separate**	형 분리된
☐☐☐	**collection**	명 수거
☐☐☐	**barren**	형 척박한

접는선

☐☐☐	**gleaming**	형 빛나는
☐☐☐	**dot**	명 점
☐☐☐	**burning**	형 타오르는
☐☐☐	**medium**	형 중간의
☐☐☐	**brightness**	명 밝음
☐☐☐	**depend on**	~에 달려있다
☐☐☐	**produce**	통 생산하다
☐☐☐	**shine**	통 빛나다
☐☐☐	**appear**	통 나타나다, 보이기 시작하다
☐☐☐	**billion**	명 10억
☐☐☐	**universe**	명 우주
☐☐☐	**center**	명 중심
☐☐☐	**compare**	통 비교하다
☐☐☐	**object**	명 물체
☐☐☐	**give off**	(열·빛 등을) 내다

16 Who Is Santa Claus?

☐☐☐	fill	동 채우다
☐☐☐	present	명 선물
☐☐☐	originally	부 원래
☐☐☐	be based upon	~에 바탕을 두다
☐☐☐	bishop	명 주교
☐☐☐	version	명 판, 버전
☐☐☐	Dutch	형 네덜란드의, 네덜란드인의
☐☐☐	settler	명 정착민
☐☐☐	practice	명 관습, 관행
☐☐☐	subject	명 주제
☐☐☐	literature	명 문학
☐☐☐	mythology	명 신화
☐☐☐	gain	동 얻다, 오르다
☐☐☐	detail	명 세부 사항
☐☐☐	beard	명 수염

05 Butterflies and Moths

☐☐☐	butterfly	명 나비
☐☐☐	moth	명 나방
☐☐☐	similar	형 비슷한
☐☐☐	nutrient	명 영양분
☐☐☐	juice	명 즙
☐☐☐	nectar	명 (꽃의) 꿀
☐☐☐	tell	동 알다, 구별하다
☐☐☐	caterpillar	명 애벌레
☐☐☐	spike	명 뾰족한 것
☐☐☐	camouflage	명 위장
☐☐☐	mostly	부 대개, 주로
☐☐☐	shell	명 껍질
☐☐☐	metamorphosis	명 변태
☐☐☐	attract	동 유혹하다
☐☐☐	bottom	명 맨 아래, 바닥

	English	품사	뜻
☐☐☐	bear	동	견디다
☐☐☐	eastern	형	동쪽의
☐☐☐	horizon	명	지평선, 수평선
☐☐☐	ground	명	땅
☐☐☐	offer	동	(신에게) 바치다, 올리다
☐☐☐	company	명	동료
☐☐☐	agree	동	동의하다
☐☐☐	dawn	명	새벽
☐☐☐	shocked	형	충격을 받은
☐☐☐	wither	동	시들다
☐☐☐	dry up	동	메마르다
☐☐☐	damage	명	피해, 손실
☐☐☐	destroy	동	파괴하다
☐☐☐	greet	동	맞이하다, 반기다
☐☐☐	forgiveness	명	용서

접는선

	English	품사	뜻
☐☐☐	celebrate	동	축하하다
☐☐☐	medicine	명	약
☐☐☐	pollinate	동	수분하다
☐☐☐	attract	동	유혹하다, 유인하다
☐☐☐	petal	명	꽃잎
☐☐☐	nectar	명	(꽃의) 꿀
☐☐☐	liquid	명	액체
☐☐☐	pollen	명	꽃가루
☐☐☐	stick	동	달라붙다
☐☐☐	powder	명	가루
☐☐☐	spread	동	퍼뜨리다
☐☐☐	fertilize	동	수정시키다
☐☐☐	ovary	명	씨방
☐☐☐	fleshy	형	다육질의
☐☐☐	wheat	명	밀

UNIT 18 Tikki Tikki Tembo

- ☐☐☐ **first son** — 큰아들, 장남
- ☐☐☐ **completely** — 뿐 완전히
- ☐☐☐ **reverently** — 뿐 경건하게
- ☐☐☐ **outside** — 뿐 밖에, 밖으로
- ☐☐☐ **well** — 뗘 우물
- ☐☐☐ **fetch** — 뗘 가지고 오다
- ☐☐☐ **ladder** — 뗘 사다리
- ☐☐☐ **dash** — 뗘 황급히 달려가다
- ☐☐☐ **comprehend** — 뗘 이해하다
- ☐☐☐ **servant** — 뗘 하인
- ☐☐☐ **rescue** — 뗘 구조하다
- ☐☐☐ **recover** — 뗘 회복하다
- ☐☐☐ **ordeal** — 뗘 시련
- ☐☐☐ **lesson** — 뗘 교훈
- ☐☐☐ **convention** — 뗘 관습

UNIT 03 Rainforests of the Sea

- ☐☐☐ **coral reef** — 뗘 산호초
- ☐☐☐ **terrific** — 쉥 훌륭한, 멋진
- ☐☐☐ **seaweed** — 뗘 해초
- ☐☐☐ **coral polyp** — 뗘 산호충
- ☐☐☐ **substance** — 뗘 물질
- ☐☐☐ **skeleton** — 뗘 뼈대
- ☐☐☐ **fill up** — ~을 가득 채우다
- ☐☐☐ **shallow** — 쉥 얕은
- ☐☐☐ **algae** — 뗘 조류
- ☐☐☐ **byproduct** — 뗘 부산물
- ☐☐☐ **photosynthesis** — 뗘 광합성
- ☐☐☐ **essential** — 쉥 필수적인
- ☐☐☐ **ecosystem** — 뗘 생태계
- ☐☐☐ **habitat** — 뗘 서식지
- ☐☐☐ **parasite** — 뗘 기생충

☐☐☐	**flamingo**	몡 홍학, 플라밍고
☐☐☐	**case**	몡 경우, 사례
☐☐☐	**reporter**	몡 기자
☐☐☐	**figure out**	이해하다, 개산해 내다
☐☐☐	**estimation**	몡 (양·수준에 대한) 평가(치)
☐☐☐	**strategy**	몡 전략
☐☐☐	**approximate**	혱 근사치인
☐☐☐	**quantity**	몡 양
☐☐☐	**involve**	동 관련시키다
☐☐☐	**clue**	몡 단서
☐☐☐	**sensible**	혱 합리적인
☐☐☐	**bead**	몡 구슬
☐☐☐	**benchmark**	몡 기준(점)
☐☐☐	**determine**	동 알아내다
☐☐☐	**entire**	혱 전체의

☐☐☐	**frosty**	혱 몹시 추운
☐☐☐	**axis**	몡 축
☐☐☐	**tilt**	몡동 기울어짐 / 기울어지게 하다
☐☐☐	**sunray**	몡 태양 광선
☐☐☐	**cover**	동 뒤덮다
☐☐☐	**below**	전 아래에
☐☐☐	**look forward to**	~을 고대하다
☐☐☐	**chirp**	동 짹짹거리다
☐☐☐	**humid**	혱 습한
☐☐☐	**sunflower**	몡 해바라기
☐☐☐	**cool off**	식히다
☐☐☐	**shade**	몡 색조
☐☐☐	**harvest**	동 수확하다
☐☐☐	**crop**	몡 농작물
☐☐☐	**be filled with**	~로 가득차다

접는선

UNIT 20 They Travel in Fives

- ☐☐☐ reasonable 형 합당한
- ☐☐☐ floating 형 물에 뜨는
- ☐☐☐ confusion 명 혼란
- ☐☐☐ instruct 동 지시하다
- ☐☐☐ step onto ~로 올라서다
- ☐☐☐ fell into ~로 떨어지다
- ☐☐☐ fit 형 적당한
- ☐☐☐ sadly 부 슬프게도
- ☐☐☐ approach 동 다가가다
- ☐☐☐ yell 동 소리 지르다
- ☐☐☐ equal 형 (수·양이) 같다
- ☐☐☐ respond 동 대응하다
- ☐☐☐ gather 동 모으다
- ☐☐☐ chant 동 연호하다
- ☐☐☐ total 형 총, 합계

UNIT 01 Severe Weather

- ☐☐☐ storm 명 폭풍
- ☐☐☐ severe 형 혹독한, 극심한
- ☐☐☐ front 명 (기상) 전선
- ☐☐☐ pressure 명 기압, 압력
- ☐☐☐ thunderstorm 명 뇌우
- ☐☐☐ common 형 흔한, 일반적인
- ☐☐☐ lightning 명 번개
- ☐☐☐ swirl 동 소용돌이치다
- ☐☐☐ static electricity 명 정전기
- ☐☐☐ tornado 명 토네이도
- ☐☐☐ vortex 명 소용돌이
- ☐☐☐ rank 동 (등급·순위를) 매기다
- ☐☐☐ strength 명 강도, 힘
- ☐☐☐ category 명 범주, 범위
- ☐☐☐ destroy 동 파괴하다

Word List 활용법

이미 아는 단어에는 V 표시를 하세요.

표시되지 않은 단어들을 중심으로 학습한 후, 다시 한 번 V 표시를 하며 단어들을 숙지했는지 점검해 보세요.

* 본책과 분리하여 사용하세요. (점선을 따라 자른 후 반으로 접으면 책 형태의 단어장이 됩니다.)

영어 리딩의 최종 목적지, 논픽션 리딩에 강해지는

미국교과서 리딩

READING

LEVEL 5 ②

논픽션 독해력
미국 교과과정의 핵심 지식 습득과 독해력 향상

문제 해결력
지문 내용을 완전히 소화하도록 하는 수준별 독해 유형 연습

통합사고력
배경지식과 새로운 정보를 연결하여 내 것으로 만드는 연습

자기주도력
스스로 계획하고 성취도를 점검하는 자기주도 학습 습관 형성

Word List

READING 미국교과서 리딩

5.2

READING

미국교과서 리딩

5.2

Workbook & Answer Key

미국교과서 리딩 READING

LEVEL 5 ②

Workbook

길벗스쿨

Severe Weather

Vocabulary

A **Match the words with their correct definitions.**

1. common •

2. electricity •

3. swirl •

4. strength •

5. lightning •

6. pressure •

• a. the weight of the air in the Earth's atmosphere

• b. the flashes of light that are produced in the sky during a storm

• c. physical energy or intensity

• d. to move in circles

• e. widely known or usual

• f. energy made available by the flow of an electric charge

Grammar   Relative pronoun *that*

B **Fill in the blanks using words in the brackets.**

1. Storms are a kind of severe weather _____ _____(that, occur) in all climates.

2. Many tornadoes touch down in an area in the Midwest _____ _____ (that, be) called Tornado Alley.

3. Hurricanes are caused by a warm low-pressure system _____ _____ (that, evaporate) water from oceans.

4. Hurricane Camile was a category 5 storm _____ _____(that, blow) winds over 300 km/h and destroyed entire cities.

5. Hurricanes are classified in categories _____ _____(that, vary) in strength from 1 through 5.

The Four Seasons

⚲ Vocabulary

A **Match the words with their correct definitions.**

1. frosty •   • a. a ray of sunlight

2. below •   • b. to make high-pitched sounds

3. tilt •   • c. to lower one's temperature when it's too hot

4. sunray •   • d. to lift or move (something) so that one side is higher than another side

5. cool off •   • e. in or to a place that is lower

6. chirp •   • f. cold enough to produce frost

⚲ Grammar   Conjunction *as*

B **Unscramble the sentences.**

1. As / it gets colder / winter comes,

   → _____ .

2. Earth tilts toward the sun, / it receives more sunrays / As

   → _____ .

3. nature wakes up from winter's sleep / as / The birds start chirping in spring

   → _____ .

4. as / It gets hotter, / Earth's axis tilts toward the sun

   → _____ .

5. autumn turns summer's green to many shades / As / Earth keeps moving,

   → _____ .

Rainforests of the Sea

Vocabulary

A Match the words with their correct definitions.

1. shallow

2. seaweed

3. essential

4. terrific

5. skeleton

6. ecosystem

a. a plant such as marine algae that grows in the sea

b. extraordinarily good or great

c. the structure of bones that supports the body of a person or animal

d. absolutely necessary

e. not deep or strong

f. everything that exists in a particular environment

Grammar   Conjunction *that*

B Unscramble the sentences.

1. Many people think / coral reefs are sea plants or even rocks / that

   → _____.

2. that / Coral reefs are formed from millions of tiny animals / are called coral polyps

   → _____.

3. turns into hard skeletons / that / They produce a substance

   → _____.

4. corals depend on algae for their nutrients / that / The reason is

   → _____.

5. It is believed / that / a quarter of all the ocean's animals live there

   → _____.

What Flowers Do

Vocabulary

A **Match the words with their correct definitions.**

1. petal

2. spread

3. stick

4. pollinate

5. fleshy

6. ovary

a. to fertilize by transferring pollen

b. to cling to something

c. the thin colored or white parts which form a flower

d. to distribute or disperse widely

e. juicy, as a fruit

f. the part of a flower where seeds are formed

Grammar   Pronoun *some*

B **Fill in the blanks using words in the brackets.**

1. are even eaten / Some flowers / as medicine

   → _____.

2. by the help of some insects / Most flowers / are pollinated

   → _____.

3. Some of them / can easily become new plants / after the wind blows and spreads them around

   → _____.

4. such as apples / are fleshy fruits / Some

   → _____.

5. are / Some / hard, dry nuts or grains of wheat

   → _____.

Butterflies and Moths

Vocabulary

A Match the words with their correct definitions.

1. spike
2. similar
3. camouflage
4. caterpillar
5. attract
6. shell

a. a wormlike and often brightly colored and hairy or spiny larva

b. the act of concealing the identity of something

c. the hard outer covering of an animal or insect

d. to cause (someone) to like or be interested in something

e. having characteristics in common

f. any long, pointed object

Grammar   What a conjunction connects

B Unscramble the sentences.

1. between moths / How can you tell the differences / and butterflies

   → _____?

2. start as little eggs / and grow into caterpillars / Both of them

   → _____.

3. long and soft bodies / Caterpillars have / with short legs

   → _____.

4. or a moth / into a butterfly / The caterpillar changes

   → _____.

5. The caterpillar / and changes its body / grows wings

   → _____.

Stars and Planets

 **Vocabulary**

A **Match the words with their correct definitions.**

1. dot   •   • a. to give off light

2. compare   •   • b. to seem, to look like

3. object   •   • c. a very small, circular shape

4. medium   •   • d. to examine and note the similarities or differences of

5. appear   •   • e. a thing that you can see and touch and that is not alive

6. shine   •   • f. neither large nor small but average in size or level

Grammar   Adverbs: *so, very, much*

B **Unscramble the sentences.**

1. because they are / Most stars look like bright dots / so far away

   → _____.

2. are blue, / The very hot stars / and the ones with medium heat are yellow

   → _____.

3. than Earth / much bigger / The sun is

   → _____.

4. The sun is so hot / more than 13 million degrees Celsius / that the temperature at its center is

   → _____.

5. much hotter / than Earth / The sun is

   → _____.

Volcanoes

Vocabulary

A **Match the words with their correct definitions.**

1. push   •
2. lava   •
3. active   •
4. molten   •
5. erupt   •
6. harden   •

• a. capable of erupting

• b. to become hard or harder

• c. to become active and to spew lava and rocks

• d. a very hot liquid rock that comes out of a volcano

• e. to move with force

• f. melted by heat

Grammar   Auxiliary verbs: *can*, *may*

B **Fill in the blanks using words in the brackets.**

1. Its temperature _____ _____(can, be) from 700°C to 1,200°C.

2. An active volcano shows signs that it _____ _____(may, erupt) soon.

3. Lava and gas _____ _____(may, come) out.

4. There _____ _____(could, be) earthquakes near the volcano.

5. Lava and ash from volcanoes turn into rich soil that _____ _____ (can, grow) food.

Sound

Vocabulary

A **Match the words with their correct definitions.**

1. astronaut • • a. making a high sound

2. high-pitched • • b. a limit or boundary

3. vacuum • • c. a deep and loud sound or cry

4. barrier • • d. a person trained to travel in a spacecraft

5. language • • e. communication by word of mouth

6. boom • • f. the absence of matter

Grammar   Gerund vs. Present participle

B **Fill in the blanks using words in the brackets.**

1. Sounds are all created by vibrations in matter, _____(create) all of the noises we can hear.

2. Sound waves can move through any kind of matter, _____(include) air, water, and even solid rock.

3. We can hear sounds by _____(use) our ears.

4. We can hear because of _____(vibrate) thin drums.

5. Fighter jets can break the sound barrier by _____(go) faster than 1,230 km/h.

The Rocky Mountains

Vocabulary

A **Match the words with their correct definitions.**

1. rugged
2. range
3. extend
4. valuable
5. wire
6. resource

a. a series of hills or mountains

b. having worth or merit

c. a thin, flexible thread of metal

d. to span a certain amount of distance, space, or time

e. having a rough, uneven surface

f. something that a country has and can use to increase its wealth

Grammar   Passive voice (be+p.p.)

B **Fill in the blanks using words in the brackets.**

1. The Rocky Mountains _____ _____ _____(made up) of rugged mountain ranges with deep valleys.

2. Various metals and minerals _____ _____(find) in the rocks of the mountains.

3. The most valuable metal that _____ _____(find) in the Rocky Mountains is copper.

4. Copper _____ _____(use) in products like computers.

5. Much of the land in the Rocky Mountains _____ _____(protect) in national parks.

The Great Wall of Chins

Vocabulary

A **Match the words with their correct definitions.**

1. kingdom •

• a. to get or take (something) in a forceful, sudden, or violent way

2. immense •

• b. to take control of (a country, city, etc.) through the use of force

3. conquer •

• c. a country with a king as the head of state

4. seize •

• d. a man who rules an empire

5. emperor •

• e. without delay or hesitation

6. at once •

• f. vast, huge, very great

Grammar   Subject-verb agreement

B **Fill in the blanks using words in the brackets.**

1. Although parts of it _____ _____ _____(have been destroyed) it stretches almost 6,437 kilometers.

2. Slaves, soldiers, and even farmers _____ _____(be sent) to build the wall.

3. Most of the wall that stands today _____ _____(be constructed) during the Ming dynasty.

4. There _____(be) no more northern invaders for the wall to guard against.

5. The wall _____ _____(have become) a symbol of the might of ancient China.

George Washington: The First President

Vocabulary

A **Match the words with their correct definitions.**

1. serve

2. general

3. military

4. integrity

5. unfair

6. prominent

a. a high-ranking officer in the armed forces

b. important and well-known

c. the quality of being honest and fair

d. not right or fair

e. the armed forces of a country

f. to perform a duty or job

Grammar Past participle

B **Fill in the blanks using words in the brackets.**

1. George Washington is one of the best _____(know) presidents of the United States.

2. He was _____(bear) to a prominent family in Virginia in 1732.

3. He is _____(remember) for his service during the Revolutionary War.

4. George Washington was _____(elect) the first president of the United States.

5. The capital of the United States, Washington D.C., is _____(name) after him.

Martin Luther King

Vocabulary

A **Match the words with their correct definitions.**

1. pursuit •

2. justice •

3. peaceful •

4. raicism •

5. equality •

6. treatment •

• a. the quality of being fair or just

• b. the management of someone or something

• c. an attempt at achieving a particular result

• d. poor treatment of or violence against people because of their race

• e. without violence or serious disorder

• f. state of having the same rights, social status, etc.

Grammar   Verbs with to-infinitive objects

B **Fill in the blanks using words in the brackets.**

1. Their children were not allowed _____ _____(go) to the same schools as white people either.

2. African Americans were not allowed _____ _____(shop) in the same stores as white people.

3. Dr. King decided _____ _____(lead) a boycott of city buses.

4. African Americans hoped _____ _____(be) treated the same way as everyone else.

5. Dr. King's nonviolent and peaceful actions helped _____ _____(bring) about the Civil Rights Act.

Immigrants to America

Vocabulary

A **Match the words with their correct definitions.**

1. ordinary   a. present in large amounts

2. coexist   b. to live in peace with each other

3. fortune   c. a person's social heritage

4. background   d. a strong desire or determination to do something

5. will   e. plain or undistinguished

6. plentiful   f. a very large amount of money

Grammar   Prepositions and conjunctions related to 'time'

B **Unscramble the sentences.**

1. the first immigrants went / After Columbus landed on the continent of America, / to this new land

   → _____.

2. Over the years, / contributions to the United States / immigrants have made

   → _____.

3. in the 1600s / contributions to the United States / Immigrants made

   → _____.

4. many people went to America / from Western European countries / During the 1700s,

   → _____.

5. more people were immigrating / Toward the middle of 1800s, / to the United States

   → _____.

The Civil War

Vocabulary

A **Match the words with their correct definitions.**

1. labor

2. explode

3. immediately

4. preserve

5. surrender

6. right

a. to burst outward, usually with noise

b. something that is legal for a person to do

c. the act of admitting defeat

d. to keep or maintain in an unaltered condition

e. without delay or hesitation

f. to work hard

Grammar   Gerund (V+ing)

B **Fill in the blanks using words in the brackets.**

1. They wanted to continue _____(own) slaves.

2. Southern soldiers were good at _____(ride) horses.

3. Southern soldiers were good at _____(use) guns.

4. The South did well at the _____(begin) of the war.

5. President Lincoln's _____(issue) the Emancipation Proclamation made the conditions turn to the North's favor.

Recycling: A Way to Save

Vocabulary

A Match the words with their correct definitions.

1. reduce
2. garbage
3. barren
4. disappear
5. landfill
6. separate

a. kept apart
b. to cut down on
c. to stop existing
d. producing inferior crops
e. an area where waste is buried under the ground
f. things that are no longer useful or wanted and that have been thrown out

Grammar — Impersonal pronoun *it*

B Unscramble the sentences.

1. to recycle materials than / It takes less energy / to produce new items

   → _____.

2. for future generation / to cause less air pollution and acid rain / It is important

   → _____.

3. It is / also important / to buy recycled products

   → _____.

4. to buy products / It is also important / that can be recycled

   → _____.

5. to take action / never too late / It is

   → _____.

Who Is Santa Claus?

Vocabulary

A **Match the words with their correct definitions.**

1. fill   a. to increase in (a particular quality)

2. literature   b. ideas that are believed by many people but that are not true

3. originally   c. to make full

4. gain   d. the hair growing on the lower part of a man's face

5. beard   e. in the beginning

6. mythology   f. written works (such as poems, plays, and novels) that are considered to be very good

Grammar   Interrogative

B **Unscramble the sentences.**

1. that he fills children's socks / Why do people think / with presents on Christmas Eve

   → _____?

2. When did / in New Amsterdam / Dutch settlers arrive

   → _____?

3. by an advertisement for Coca-Cola in 1939 / Santa Claus invented / How was

   → _____?

4. What is / Santa Claus called / in England

   → _____?

5. Santa Claus called / in your country / What is

   → _____?

The Ten Sun

Vocabulary

A Match the words with their correct definitions.

1. company   •
2. agree   •
3. wither   •
4. dawn   •
5. offer   •
6. damage   •

• a. to present something as an act of worship or devotion

• b. someone you spend time with or enjoy being with

• c. the first light of day

• d. to have the same opinion

• e. physical harm that is done to something or to someone's body

• f. to lose freshness, vigor, or vitality

Grammar   Past progressive

B Fill in the blanks using words in the brackets.

1. Di Jun's wife _____ _____ (be take) one sun to the eastern horizon.

2. Her sun _____ _____ (be walk) across the sky.

3. The suns _____ _____ _____ _____ (be laugh and talk) each other.

4. They _____ _____ (be have) fun.

5. The suns did not know what damage they _____ _____ (be cause).

Tikki Tikki Tembo

A **Match the words with their correct definitions.**

1. fetch   •   • a. to get the meaning of something

2. recover   •   • b. an experience that is very unpleasant or difficult

3. ordeal   •   • c. a custom that is accepted and followed by many people

4. convention   •   • d. to come after and to bring or take back

5. comprehend   •   • e. to save (someone or something) from danger or
                              harm

6. rescue   •   • f. to return to a normal state of health, mind, or strength

● **Grammar** Adverbs

B **Unscramble the sentences.**

1. so long / was / His brother's name

   → _____.

2. It took quite some time / to comprehend what had happened / for his mother

   → _____.

3. barely finished / The younger brother / saying his brother's name

   → _____.

4. Fortunately, this taught / a lesson in their naming conventions / the Chinese
   people

   → _____.

5. completely / his name had to be spoken / As the first son,

   → _____.

Using Estimation Strategies

Vocabulary

A **Match the words with their correct definitions.**

1. involve

2. benchmark

3. sensible

4. quantity

5. determine

6. approximate

a. almost correct or exact

b. to include as a part of something

c. a standard by which something can be measured

d. an amount or number of something

e. having, or containing good sense or reason

f. to reach a decision

Grammar   Auxiliary verbs: *may, can*

B **Unscramble the sentences.**

1. You may read / that visit the Everglades / an article about twelve thousand flamingos

   → _____.

2. the news that millions of comma butterflies / You may hear / moved north of Edinburgh

   → _____.

3. figure out their numbers / the reporter or scientist / How can

   → _____?

4. You can use / a lesser number or an amount of something / as a benchmark

   → _____.

5. without counting them one by one / You can estimate / the number of beads

   → _____.

They Travel in Fives

Vocabulary

A **Match the words with their correct definitions.**

1. approach •   • a. to give (someone) an order or command

2. reasonable •   • b. to make advances to someone

3. respond •   • c. to come together to form a group

4. gather •   • d. to say (a word or phrase) many times in a rhythmic way usually with other people

5. instruct •   • e. to say something in return

6. chant •   • f. fair and sensible

Grammar   Interrogative + to-infinitive

B **Unscramble the sentences.**

1. and did not know / Some fell into the water / what to do

   → _____.

2. how to count / No one knew / to thirty

   → _____.

3. It was easy / how to share the six pieces of ice / to find out

   → _____.

4. instructed / when to start / Leader Polar Bear

   → _____.

5. All of the animals / knew exactly / where to go

   → _____.

Unit 1 　Severe Weather

Vocabulary

Ⓐ 각 단어의 알맞은 의미를 찾아 연결하세요.

1. 흔한: 널리 알려진 또는 일반적인　[e]
2. 전기: 전하의 흐름에 의해 이용할 수 있는 에너지　[f]
3. 소용돌이치다: 동그라미를 그리며 움직이다　[d]
4. 강도: 물리적 에너지나 강렬함　[c]
5. 번개: 폭풍이 치는 동안 하늘에서 발생하는 섬광　[b]
6. 기압: 지구 대기 중 공기의 무게　[a]

Grammar: 관계대명사 that

Ⓑ 괄호 안의 단어를 사용하여 빈칸을 채우세요.

1. 폭풍은 모든 기후대에서 발생하는 험한 날씨 중 하나입니다.
　　[that occurs]
2. 미국 중서부에 있는 '토네이도 길목'이라고 불리는 지역에서는 많은 토네이도가 땅을 휩씁니다.　[that is]
3. 허리케인은 바다에서 물을 증발시키는 따뜻한 저기압에 의해 발생합니다.　[that evaporates]
4. 허리케인 카밀은 시속 300킬로미터의 속도로 불었던 5등급 폭풍이었고, 도시 전체를 파괴했습니다.　[that blew]
5. 허리케인은 강도에 따라 달라지는 1에서부터 5까지 범주로 분류됩니다.　[that vary]

Unit 2 　The Four Seasons

Vocabulary

Ⓐ 각 단어의 알맞은 의미를 찾아 연결하세요.

1. 몹시 추운: 서리가 생길 정도로 추운　[f]
2. 아래에: 더 낮은 곳이나 더 낮은 곳으로　[e]
3. 기울어지게 하다: 한쪽이 다른 한쪽보다 더 높게 하기 위해서 (무언가를) 들어 올리거나 이동시키다　[d]
4. 태양 광선: 태양 빛 줄기　[a]
5. 식히다: 날이 너무 더울 때 몸의 온도를 낮추다　[c]
6. 짹짹거리다: 높은 톤의 소리를 내다　[b]

Grammar: 접속사 as

Ⓑ 문장을 순서에 맞게 재배열하세요.

1. 겨울이 오면 날씨가 추워집니다.
　[As winter comes, it gets colder]
2. 지구가 태양 쪽으로 기울어지면서 지구는 햇빛을 더 많이 받습니다.　[As Earth tilts toward the sun, it receives more sunrays]
3. 겨울잠에서 자연이 깨어나 봄이 되면 새들이 지저귀기 시작합니다.　[The birds start chirping in spring as nature wakes up from winter's sleep]
4. 지구의 축이 태양 쪽으로 기울어지면서 날씨가 뜨거워집니다.
　[It gets hotter, as Earth's axis tilts toward the sun]
5. 지구가 계속 움직이면서 가을은 여름의 푸름을 다양한 색조로 바꿉니다.　[As Earth keeps moving, autumn turns summer's green to many shades]

Unit 3 　Rainforests of the sea

Vocabulary

Ⓐ 각 단어의 알맞은 의미를 찾아 연결하세요.

1. 얕은: 깊거나 강하지 않은　[e]
2. 해초: 해조류처럼 바다에서 자라는 식물　[a]
3. 필수적인: 절대적으로 필요한　[d]
4. 훌륭한: 엄청나게 좋거나 대단한　[b]
5. 뼈대: 사람이나 동물의 몸을 지탱하는 뼈의 구조　[c]
6. 생태계: 특정 환경에서 존재하는 모든 것　[f]

Grammar: 접속사 that

Ⓑ 문장을 순서에 맞게 재배열하세요.

1. 많은 사람들은 산호초가 해양 식물 또는 심지어 바위라고 생각합니다. [Many people think that coral reefs are sea plants or even rocks]
2. 산호초는 산호충이라 불리는 수백만 마리의 아주 작은 동물에 의해 형성됩니다.
　[Coral reefs are formed from millions of tiny animals that are called coral polyps]
3. 산호충은 단단한 골격으로 변하는 물질을 만들어냅니다.
　[They produce a substance that turns into hard skeletons]

4. 그 이유는 산호가 영양분을 위해 조류에 의존하기 때문입니다.
   [The reason is that corals depend on algae for their nutrients]
5. 모든 해양 동물의 1/4이 그곳에서 살아간다고 합니다.
   [It is believed that a quarter of all the ocean's animals live there]

○ Unit 4   What Flowers Do

Vocabulary

Ⓐ 각 단어의 알맞은 의미를 찾아 연결하세요.

1. 꽃잎: 꽃을 이루는 색이 있거나 하얀 얇은 부분   [c]
2. 퍼뜨리다: 널리 분포시키거나 확산시키다   [d]
3. 달라붙다: 무언가에 달라붙다   [b]
4. 수분하다: 꽃가루를 옮겨서 수정시키다   [a]
5. 다육질의: 과일처럼 즙이 많은   [e]
6. 씨방: 씨가 형성되는 꽃의 일부분   [f]

Grammar: 대명사 some

Ⓑ 문장을 순서에 맞게 재배열하세요.

1. 어떤 꽃들은 심지어 약으로 먹기도 합니다.
   [Some flowers are even eaten as medicine]
2. 대부분의 꽃은 곤충의 도움으로 수분이 됩니다.
   [Most flowers are pollinated by the help of some insects]
3. 어떤 씨들은 바람이 불어 씨들을 주위에 퍼뜨린 후에 쉽게 새 식물이 될 수 있습니다.
   [Some of them can easily become new plants after the wind blows and spreads them around]
4. 어떤 것들은 사과 같은 과육이 많은 과일이 됩니다.
   [Some are fleshy fruits such as apples]
5. 어떤 것들은 단단하고 마른 견과나 밀알이 됩니다.
   [Some are hard, dry nuts or grains of wheat]

○ Unit 5   Butterflies and Moths

Vocabulary

Ⓐ 각 단어의 알맞은 의미를 찾아 연결하세요.

1. 뾰족한 것: 길고 끝이 날카로운 물체   [f]
2. 비슷한: 공통의 특징을 가진   [e]
3. 위장: 무언가의 정체를 감추는 행위   [b]
4. 애벌레: 벌레같이 생겼고 주로 밝은 색이며 털이나 가시가 있는 유충   [a]
5. 유혹하다: (누군가가) 무엇을 좋아하게 하거나 관심을 갖게 하다   [d]
6. 껍질: 동물이나 곤충의 딱딱한 외피   [c]

Grammar: 접속사가 연결하는 것

Ⓑ 문장을 순서에 맞게 재배열하세요.

1. 여러분은 나방과 나비의 차이점을 어떻게 알 수 있나요?
   [How can you tell the differences between moths and butterflies]
2. 나방과 나비 모두 작은 알로 태어나서 애벌레로 자랍니다.
   [Both of them start as little eggs and grow into caterpillar]
3. 애벌레는 짧은 다리가 있는 길고 부드러운 몸통을 가지고 있습니다.   [Caterpillars have long and soft bodies with short legs]
4. 애벌레는 나비나 나방으로 변합니다.
   [The caterpillar changes into a butterfly or a moth]
5. 애벌레는 날개가 자라고 몸이 변합니다.   [The caterpillar grows wings and changes its body]

○ Unit 6   Stars and Planets

Vocabulary

Ⓐ 각 단어의 알맞은 의미를 찾아 연결하세요.

1. 점: 매우 작은 동그란 모양   [c]
2. 비교하다: 유사점과 차이점을 조사하고 기록하다   [d]
3. 물체: 보거나 만질 수 있지만 살아 있지 않은 것   [e]
4. 중간의: 크지도 작지도 않지만 크기나 수준이 평균적인   [f]
5. 나타나다, 보이기 시작하다: ~인 듯하다, ~처럼 보이다   [b]
6. 빛나다: 빛을 발산하다   [a]

Grammar: 부사: so, very, much

B 문장을 순서에 맞게 재배열하세요.

1. 대부분 별들은 멀리 떨어져 있어 밝은 점처럼 보입니다.
   [Most stars look like bright dots because they are so far away]
2. 매우 뜨거운 별은 파란색, 중간 정도로 뜨거운 별은 노란색입니다.[The very hot stars are blue, and the ones with medium heat are yellow]
3. 태양은 지구보다 훨씬 더 큽니다.
   [The sun is much bigger than Earth]
4. 태양은 매우 뜨거워서 태양의 중심 온도는 섭씨 13,000,000도 이상입니다.
   [The sun is so hot that the temperature at its center is more than 13 million degrees Celsius]
5. 태양은 지구보다 훨씬 뜨겁습니다.
   [The sun is much hotter than Earth]

● Unit 7   Volcanoes

Vocabulary

A 각 단어의 알맞은 의미를 찾아 연결하세요.

1. 밀다: 힘으로 움직이다   [e]
2. 용암: 화산에서 나오는 매우 뜨거운 액체 암석   [d]
3. 활동적인(활화산의): 폭발할 수 있는   [a]
4. 녹은: 열에 의해 녹은   [f]
5. 폭발하다: 활동을 시작하고 용암과 돌들을 뿜어내다   [c]
6. 굳다: 딱딱하거나 더 딱딱하게 되다   [b]

Grammar: 조동사: can, may

B 괄호 안의 단어를 사용하여 빈칸을 채우세요.

1. 용암의 온도는 섭씨 700도에서 1,200도까지 이를 수 있습니다.
                                                        [can be]
2. 활화산은 곧 폭발할지 모른다는 신호를 보여줍니다.
                                                        [may erupt]
3. 용암과 가스가 분출될 수 있습니다.   [may come]
4. 화산 근처에는 지진이 발생할 수 있습니다.   [could be]
5. 화산의 용암과 재는 식량을 재배할 수 있는 비옥한 토양으로 바뀝니다.
                                                        [can grow]

● Unit 8   Sound

Vocabulary

A 각 단어의 알맞은 의미를 찾아 연결하세요.

1. 우주비행사: 우주선을 타고 비행하도록 훈련 받은 사람   [d]
2. (소리가) 높은: 높은 소리를 내는   [a]
3. 진공: 물질이 없는 상태   [f]
4. 장벽: 한계나 경계   [b]
5. 언어: 입에서 나오는 말을 통한 소통   [e]
6. 쾅, 탕(하는 소리): 깊고 큰 소리나 울음   [c]

Grammar: 동명사 vs. 현재분사

B 괄호 안의 단어를 사용하여 빈칸을 채우세요.

1. 소리는 모두 물질 내의 진동으로 만들어지며, 우리가 들을 수 있는 모든 소리를 만들어 냅니다.   [creating]
2. 음파는 공기, 물, 그리고 단단한 바위까지 어떠한 물질이라도 통과할 수 있습니다.   [including]
3. 우리는 귀를 이용해서 소리를 들을 수 있습니다.   [using]
4. 우리는 진동하는 얇은 고막 때문에 소리를 들을 수 있습니다.
                                                        [vibrating]
5. 전투 제트기들은 시속 1,230킬로미터의 속도보다 더 빠르게 날아 음속 장벽을 깰 수 있습니다.   [going]

● Unit 9   The Rocky Mountains

Vocabulary

A 각 단어의 알맞은 의미를 찾아 연결하세요.

1. 바위투성이의: 거칠고 울퉁불퉁한 표면을 갖고 있는   [e]
2. 산맥: 언덕이나 산이 연속적으로 있는 것   [a]
3. (특정 지역·거리를) 포괄하다: 어느 정도의 거리, 공간, 시간 등에 걸치다   [d]
4. 가치가 큰: 가치 또는 훌륭한 요소가 있는   [b]
5. (전)선: 금속으로 만들어진 얇고 잘 구부러지는 선   [c]
6. 자원: 국가가 보유하고 있으며 그 국가의 부를 증가시키기 위해 사용할 수 있는 것   [f]

Grammar: 수동태 (be+p.p.)

B 괄호 안의 단어를 사용하여 빈칸을 채우세요.

1. 로키산맥은 깊은 계곡과 함께 바위투성이 산맥으로 이루어져 있습니다. [are made up]

2. 다양한 금속과 광물이 산맥의 바위에서 발견됩니다. [are found]

3. 로키산맥에서 발견되는 가장 가치가 큰 금속은 구리입니다. [is found]

4. 구리는 컴퓨터와 같은 제품에 사용됩니다. [is used]

5. 로키산맥의 많은 지역이 국립공원으로 보호되고 있습니다. [is protected]

○ Unit 10 The Great Wall of China

Vocabulary

A 각 단어의 알맞은 의미를 찾아 연결하세요.

1. 왕국: 국가의 수장이 왕인 나라 [c]
2. 거대한: 막대한, 큰, 매우 대단한 [f]
3. 정복하다: 무력을 사용하여 (나라나 도시 등을) 지배하다 [b]
4. 침략자: 정복하기 위해 폭력을 써서 들어오려는 사람 [a]
5. 황제: 제국을 다스리는 사람 [d]
6. 즉시: 지체하거나 머뭇거림 없이 [e]

Grammar: 주어-동사 일치

B 괄호 안의 단어를 사용하여 빈칸을 채우세요.

1. 비록 일부분은 파괴되었지만, 만리장성은 6,437킬로미터에 달합니다. [have been destroyed]

2. 노예, 군인, 심지어 농부들까지 성벽을 쌓는 데 보내졌습니다. [were(are) sent]

3. 오늘날 서 있는 성벽 대부분은 명 왕조 동안에 건설되었습니다. [was constructed]

4. 이제 더는 성벽이 경계해야 할 북방의 침략자는 없습니다. [are]

5. 이 성벽은 고대 중국의 힘의 상징이 되었습니다. [has become]

○ Unit 11 George Washington: The First President

Vocabulary

A 각 단어의 알맞은 의미를 찾아 연결하세요.

1. 복무(근무)하다: 임무나 일을 수행하다 [f]
2. 장군: 군대에서 높은 계급의 장교 [a]
3. 군대: 한 나라의 군대 [e]
4. 진실성: 정직하고 공평한 성질 [c]
5. 불공평한: 옳지 않거나 공평하지 않은 [d]
6. 저명한: 중요하고 잘 알려진 [b]

Grammar: 과거분사

B 괄호 안의 단어를 사용하여 빈칸을 채우세요.

1. 조지 워싱턴은 미국에서 가장 유명한 대통령 중 한 명입니다. [known]

2. 그는 1732년에 버지니아의 저명한 가문에서 태어났습니다. [born]

3. 그는 독립전쟁 중 복무한 것으로 가장 기억됩니다. [remembered]

4. 조지 워싱턴은 미국의 초대 대통령으로 선출되었습니다. [elected]

5. 미국의 수도인 'Washington D.C.'는 그의 이름을 따서 지은 것입니다. [named]

○ Unit 12 Martin Luther King

Vocabulary

A 각 단어의 알맞은 의미를 찾아 연결하세요.

1. 추구: 특정한 결과를 이루려는 시도 [c]
2. 정의: 공정하거나 정의로운 자질 [a]
3. 평화적인: 폭력이나 심각한 무질서 없이 [e]
4. 인종 차별: 인종 때문에 사람들을 나쁘게 대우하거나 폭력을 행사하는 것 [d]
5. 평등: 같은 권리와 사회적 지위 등을 갖는 상태 [f]
6. 대우: 어떤 사람이나 어떤 것의 관리 [b]

Grammar: to부정사를 목적어로 갖는 동사

B 괄호 안의 단어를 사용하여 빈칸을 채우세요.

1. 그들의 어린이들은 백인 어린이들과 같은 학교에 다니는 것 또한 허락되지 않았습니다. [to go]

2. 아프리카계 미국인은 백인과 같은 상점에서 물건을 사는 것이 허락되지 않았습니다. [to shop]

3. 킹 목사는 시내버스 이용 거부운동을 주도하기로 결심했습니다.
[to lead]

4. 아프리카계 미국인은 다른 모든 사람들과 동등하게 대우받기를 원했습니다.
[to be]

5. 킹 목사의 비폭력 평화운동은 민권법이 만들어지는 데 일조하였습니다.
[to bring]

🔘 Unit 13   Immigrants to America

Vocabulary

🅐 **각 단어의 알맞은 의미를 찾아 연결하세요.**

1. 평범한: 꾸밈이 없거나 특별하지 않은 [e]

2. 공존하다: 서로 함께 평화롭게 살다 [b]

3. 재산, 거금: 아주 많은 양의 돈 [f]

4. 배경: 한 사람의 사회적 유산 [c]

5. 의지: 어떤 일을 하기 위한 강한 욕구 혹은 결심 [d]

6. 풍부한: 대량으로 존재하는 [a]

Grammar: 시간과 관련된 전치사와 접속사

🅑 **문장을 순서에 맞게 재배열하세요.**

1. 크리스토퍼 콜럼버스가 미 대륙에 도착한 이후, 첫 이민자들이 이 새로운 땅으로 이주해 왔습니다.   [After Columbus landed on the continent of America, the first immigrants went to this new land]

2. 수십 년 동안, 전 세계에서 온 이민자들이 미국에 공헌을 해왔습니다.   [Over the years, immigrants have made contributions to the United States]

3. 1600년대에 전 세계에서 온 이민자들이 미국에 공헌을 했습니다. [Immigrants made contributions to the United States in the 1600s]

4. 1700년대 동안에는 많은 사람들이 서유럽 국가들에서 미국으로 건너갔습니다. [During the 1700s, many people went to America from Western European countries]

5. 1800년대 중반 무렵에는 더 많은 사람들이 미국으로 이주해 왔습니다. [Toward the middle of 1800s, more people were immigrating to the United States]

🔘 Unit 14   The Civil War

Vocabulary

🅐 **각 단어의 알맞은 의미를 찾아 연결하세요.**

1. 노동하다: 열심히 일하다 [f]

2. 폭발하다: 주로 큰 소리를 내며 밖으로 터져 나오다 [a]

3. 즉시: 지체하거나 망설임 없이 [e]

4. 보존하다: 변하지 않은 상태로 유지하거나 남다 [d]

5. 항복: 패배를 인정하는 행위 [c]

6. 권리: 사람이 할 수 있는 합법적인 어떤 것 [b]

Grammar: 동명사 (동사원형+ing)

🅑 **괄호 안의 단어를 사용하여 빈칸을 채우세요.**

1. 그들은 노예를 계속해서 소유하기를 원했습니다.   [owning]

2. 남부 병사들은 말 타는 것에 능숙했습니다.   [riding]

3. 남부 병사들은 총 사용하는 것에 능숙했습니다.   [using]

4. 전쟁 초반에는 남부가 잘 싸웠습니다.   [beginning]

5. 링컨의 노예 해방 선언문 공표는 전세를 북부에 유리하도록 바꾸었습니다.   [issuing]

🔘 Unit 15   Recycling: A Way to Save

Vocabulary

🅐 **각 단어의 알맞은 의미를 찾아 연결하세요.**

1. 줄이다: 줄이다 [b]

2. 쓰레기: 더는 유용하거나 필요하지 않거나 버려진 것 [f]

3. 척박한: 품질이 낮은 작물을 생산하는 [d]

4. 사라지다: 존재하기를 그만두다 [c]

5. 매립지: 쓰레기가 땅 아래로 묻히는 지역 [e]

6. 분리된: 따로 떨어진 [a]

Grammar: 가주어 it

🅑 **문장을 순서에 맞게 재배열하세요.**

1. 자재를 재활용하는 것은 새로운 제품을 만들어 내는 것보다 에너지를 덜 씁니다.   [It takes less energy to recycle materials than to produce new items]

2. 미래 세대를 위해 공기 오염과 산성비를 덜 유발하는 것은 중요

합니다. [It is important to cause less air pollution and acid rain for future generation]

3. 재활용된 제품을 사는 것 또한 중요합니다.

   [It is also important to buy recycled products]

4. 재활용 가능한 제품을 사는 것 또한 중요합니다. [It is also important to buy products that can be recycled]

5. 행동하기에 절대 늦지 않았습니다.

   [It is never too late to take action]

Unit 16 Who Is Santa Claus?

Vocabulary

🅐 각 단어의 알맞은 의미를 찾아 연결하세요.

1. 채우다: 가득 차게 하다 [c]
2. 문학: 아주 훌륭하다고 여겨지는 (시, 극본, 소설처럼 쓰여진) 작품 [f]
3. 원래: 처음에는 [e]
4. 얻다, 오르다: (특정 질을) 증가시키다 [a]
5. 턱수염: 남자 얼굴 아랫부분에서 자라는 털 [d]
6. 신화: 사실은 아니지만 많은 사람들이 믿고 있는 생각 [b]

Grammar: 의문사

🅑 문장을 순서에 맞게 재배열하세요.

1. 왜 사람들은 그가 크리스마스 이브에 아이들의 양말에 선물을 채워 준다고 생각할까요?

   [Why do people think he fills children's socks with presents on Christmas Eve]

2. 네덜란드 정착민들은 언제 뉴 암스테르담에 도착했나요?

   [When did Dutch settlers arrive in New Amsterdam]

3. 1939년 코카콜라 광고에서 산타클로스는 어떻게 만들어졌나요?

   [How was Santa Claus invented by an advertisement for Coca-Cola in 1939]

4. 영국에서 산타클로스는 뭐라고 불리나요?

   [What is Santa Claus called in England]

5. 당신의 나라에서 산타클로스는 뭐라고 불리나요?

   [What is Santa Claus called in your country]

Unit 17 The Ten Sun

Vocabulary

🅐 각 단어의 알맞은 의미를 찾아 연결하세요.

1. 동료: 당신이 시간을 함께 보내거나 함께 함으로써 즐거운 누군가 [b]
2. 동의하다: 같은 의견을 갖다 [d]
3. 시들다: 신선함, 힘, 활력을 잃다 [f]
4. 새벽: 하루의 첫 빛 [c]
5. (신에게) 바치다, 올리다: 숭배나 헌신의 행위로 무언가를 선물하다 [a]
6. 손상: 어떤 것이나 어떤 사람의 몸에 가해진 물리적 피해 [e]

Grammar: 과거 진행형

🅑 괄호 안의 단어를 사용하여 빈칸을 채우세요.

1. Di Jun의 아내는 한 명의 태양을 데리고 동쪽의 지평선으로 갔습니다. [was taking]
2. 그녀의 태양은 하늘을 가로질러 걸어갔습니다. [was walking]
3. 태양들은 서로 웃고 이야기하고 있었습니다.

   [were laughing and talking]
4. 그들은 재미있게 놀고 있었습니다. [were having]
5. 태양들은 그들이 일으키고 있는 피해가 무엇인지 몰랐습니다.

   [were causing]

Unit 18 Tikki Tikki Tembo

Vocabulary

🅐 각 단어의 알맞은 의미를 찾아 연결하세요.

1. 가지고 오다: 쫓아가서 가져오거나 되가져 오다 [d]
2. 회복하다: 건강, 마음, 힘의 보통의 상태로 돌아가다 [f]
3. 시련: 매우 불쾌하거나 어려운 경험 [b]
4. 관습: 많은 사람들에 의해 받아들여지고 행해지는 풍습 [c]
5. 이해하다: 어떤 것의 의미를 알아내다 [a]
6. 구조하다: (어떤 사람이나 무언가를) 위험이나 해로움에서 구하다 [e]

Grammar: 부사

🅑 문장을 순서에 맞게 재배열하세요.

1. 그의 형의 이름은 너무 길었습니다.

[His brother's name was so long]

2. 그의 어머니가 무슨 일이 일어났는지 이해하는 데 시간이 꽤 걸렸습니다. [It took quite some time for his mother to comprehend what had happened]

3. 동생이 형의 이름을 말하는 것을 겨우 마칠 수 있었습니다. [The younger brother barely finished saying his brother's name]

4. 다행히 이 이야기는 중국인들에게 이름을 짓는 관습에 교훈을 주었습니다. [Fortunately, this taught the Chinese people a lesson in their naming conventions]

5. 그는 큰아들이었기 때문에 그의 이름은 반드시 완전하게 불려야 했습니다. [As the first son, his name had to be spoken completely]

〇 Unit 19 Using Estimation Strategies

Vocabulary

Ⓐ 각 단어의 알맞은 의미를 찾아 연결하세요.

1. 내포하다: 어떤 것의 일부분으로 포함하다 [b]

2. 기준(점): 어떤 것이 측정될 수 있는 표준 [c]

3. 합리적인: 훌륭한 감각이나 이유를 갖고 있거나 관련된 [e]

4. 양: 어떤 것의 양이나 수 [d]

5. 알아내다: 결론에 도달하다 [f]

6. 대략적인: 거의 맞거나 정확한 [a]

Grammar: 조동사: may, can

Ⓑ 문장을 순서에 맞게 재배열하세요.

1. 당신은 플로리다 에버글레이즈로 날아든 만 이천 마리의 홍학에 관한 기사를 읽어 보았을 겁니다.

[You may read an article about twelve thousand flamingos that visit the Everglades]

2. 당신은 수백만 마리의 산네발 나비가 에든버러 북쪽으로 이동했다는 뉴스를 들었을 겁니다.

[You may hear the news that millions of comma butterflies moved north of Edinburgh]

3. 기자나 과학자가 어떻게 그것들의 숫자를 알아낼 수 있을까요?

[How can the reporter or scientist figure out their

numbers]

4. 당신은 어떤 것의 더 적은 수나 양을 기준으로 사용할 수 있습니다. [You can use a lesser number or an amount of something as a benchmark]

5. 당신은 구슬을 한 개씩 세지 않고도 구슬의 수를 추정할 수 있습니다. [You can estimate the number of beads without counting them one by one]

〇 Unit 20 They Travel in Fives

Vocabulary

Ⓐ 각 단어의 알맞은 의미를 찾아 연결하세요.

1. 다가가다: 누군가에게 접근하다 [b]

2. 합당한: 공평하고 합리적인 [f]

3. 대답하다: 반응으로 무언가를 말하다 [e]

4. 모으다: 집단을 만들기 위해 한데 모으다 [c]

5. 지시하다: (누군가에게) 지시를 하거나 명령을 하다 [a]

6. 연호하다: (단어나 문장을) 주로 다른 사람들과 함께 리듬에 맞춰 여러 번 말하다 [d]

Grammar: 의문사+to부정사

Ⓑ 문장을 순서에 맞게 재배열하세요.

1. 몇몇은 물에 빠졌고 어찌해야 할지 몰랐습니다. [Some fell into the water and did not know what to do]

2. 아무도 30까지 어떻게 세는지 몰랐습니다.

[No one knew how to count to thirty]

3. 여섯 개의 얼음 덩어리를 어떻게 나눠야 하는지를 생각해 내는 것은 쉬웠습니다. [It was easy to find out how to share the six pieces of ice]

4. 대장 북극곰은 언제 시작할지를 지시했습니다.

[Leader Polar Bear instructed when to start]

5. 모든 동물들은 어디로 갈지를 정확히 알았습니다.

[All of the animals knew exactly where to go]

READING

미국교과서 리딩

LEVEL 5 ②

Answer Key

길벗스쿨

| 본문 해석 | 험한 날씨

p.16

폭풍은 모든 기후대에서 발생하는 험한 날씨 중 하나입니다. 폭풍은 저기압의 온난전선과 고기압의 한랭전선이 부자연스럽게 동반되는 곳에서 형성됩니다.

뇌우는 가장 흔한 폭풍입니다. 뇌우는 천둥과 번개를 일으킵니다. 온난전선이 한랭전선 위로 올라가 높은 구름을 형성합니다. 따뜻한 공기와 찬 공기가 구름 안에서 함께 소용돌이쳐 정전기를 발생시킵니다. 갑자기 전기는 번쩍하는 번개가 되어 구름 바깥으로 내리칩니다. 이 현상은 매우 강력하여 큰 천둥소리를 만들어 냅니다.

때때로 극심한 뇌우는 토네이도를 일으킵니다. 토네이도는 기압의 갑작스러운 하락으로 소용돌이가 발생할 때 시작됩니다. 토네이도는 온난전선이 한랭전선을 만날 때마다 형성될 수 있습니다. 미국 중서부에 있는 '토네이도 길목'이라고 불리는 지역에서는 많은 토네이도가 땅을 휩씁니다.

허리케인은 가장 강력하고 가장 위험한 폭풍입니다. 허리케인은 바다에서 물을 증발시키는 따뜻한 저기압에 의해 발생합니다. 미국에서는 허리케인에 명칭이 붙여지고, 범주 1에서부터 5까지 강도 등급이 매겨집니다. 기록상 가장 강력한 허리케인은 '허리케인 카밀'이었습니다. 그것은 시속 300킬로미터의 속도로 불었던 5등급 폭풍이었고, 멕시코만을 따라서 도시 전체를 파괴했습니다.

| Vocabulary 해석 |

- **storm** 폭풍: ⓝ 바람, 천둥, 번개를 동반한 날씨 상태 • **pressure** 기압: ⓝ 지구 대기 중 공기의 무게 • **common** 흔한: ⓝ 널리 알려진 또는 일반적인 • **lightning** 번개: ⓝ 폭풍이 치는 동안 하늘에서 발생하는 섬광 • **swirl** 소용돌이치다: ⓥ 동그라미를 그리며 움직이다 • **electricity** 전기: ⓝ 전하의 흐름에 의해 이용할 수 있는 에너지 • **tornado** 토네이도: ⓝ 깔때기 모양의 구름을 가진 파괴적인 폭풍 • **strength** 강도: ⓝ 물리적 에너지나 강렬함

| 사진 해석 |

a tornado hitting a house 집을 강타하는 토네이도   a hurricane seen from space 우주에서 본 허리케인

| Grammar Quiz: 관계대명사 that |

문장 ①과 ②에서 관계대명사 that이 가리키는 것을 찾으세요.

① a warm low-pressure system   ② a category 5 storm

| 배경지식 확인하기 | p.15

1. 날씨는 하늘과 대기가 어떤가입니다. [sky]
2. 날씨는 구름과 바람, 눈을 포함합니다. [clouds]
3. 날씨는 태양 에너지의 영향을 받습니다. [energy]

| 문제 정답 및 해석 | p.18

Comprehension Checkup

A 가장 알맞은 답을 고르세요.

1. 본문은 주로 무엇에 관한 글인가요? [b]

a. 날씨는 어떻게 형성되나
b. 험한 날씨의 다양한 종류
c. 험한 날씨의 몇 가지 이로운 점들
d. 세상에서 가장 험한 날씨

2. 따뜻한 공기와 차가운 공기가 구름 안에서 함께 소용돌이칠 때 무엇이 발생하나요? [d]

a. 비   b. 천둥   c. 고기압   d. 정전기

3. 토네이도는 언제 형성되나요? [b]

a. 구름에 정전기가 있을 때

b. 온난전선이 한랭전선을 만날 때

c. 전기가 구름 바깥으로 내리칠 때

d. 따뜻한 공기와 차가운 공기가 함께 소용돌이칠 때

4. 험한 날씨에 관한 어떤 진술이 사실인가요?　　　　　　[d]

a. 토네이도는 천둥과 번개를 발생시킵니다.

b. 허리케인은 큰 천둥소리를 만듭니다.

c. 뇌우는 가장 위험한 폭풍입니다.

d. 기록상 가장 강력했던 허리케인은 '허리케인 카밀'이었습니다.

추론 유형

5. 본문에서 유추할 수 있는 것은 무엇인가요?　　　　　　[d]

a. 소용돌이는 토네이도를 더 강력하고 더 크게 만듭니다.

b. 폭풍은 주로 미국 전역에서 발생합니다.

c. 1등급 허리케인은 아주 약하기 때문에 걱정할 필요가 없습니다.

d. 기압과 온도는 험한 날씨에 영향을 주는 요인입니다.

쓰기 유형

B 알맞은 단어를 써 넣어 문장을 완성하세요.

6. 폭풍은 모든 기후대에서 나타나는 험한 날씨 중 하나입니다. 폭풍은 저기압의 온난전선과 고기압의 한랭전선이 부자연스럽게 동반되는 곳에서 형성됩니다.

[cold fronts of high pressure]

Vocabulary & Grammar

A 알맞은 단어를 골라 빈칸을 채우세요.

1. 토네이도는 온난전선이 한랭전선을 만날 때마다 형성될 수 있습니다.　　　　　　　　　　　　　　[Tornadoes]

2. 번개가 있으면, 항상 천둥이 따라옵니다.　　　[lightning]

3. 우리는 전기가 없이는 휴대전화를 충전할 수 없습니다.

[electricity]

4. 허리케인은 범주 1에서부터 5까지 강도 등급이 매겨집니다.

[strength]

5. 뇌우는 가장 흔한 폭풍입니다.　　　　　　[common]

6. 강력한 바람이 소용돌이쳐서 심각한 피해를 일으킵니다. [swirl]

B 알맞은 단어를 골라 문장을 완성하세요.

폭풍은 모든 기후대에서 발생하는 험한 날씨 중 하나입니다.
/ 관계대명사 that

▶ **Grammar** 요목 부가 설명 p.75

1. 미국 중서부에 있는 '토네이도 길목'이라고 불리는 지역에서는 많은 토네이도가 땅을 휩씁니다.　　　　　[that is]

2. 허리케인은 바다에서 물을 증발시키는 따뜻한 저기압에 의해 발생합니다.　　　　　　　　　　[evaporates]

3. 허리케인 카밀은 시속 300킬로미터의 속도로 불었던 5등급 폭풍이었고, 도시 전체를 파괴했습니다.　　[destroyed]

4. 허리케인은 강도에 따라 달라지는 1에서부터 5까지 범주로 분류됩니다.　　　　　　　　　　　[that vary]

5. 폭풍은 모든 기후대에서 발생하는 험한 날씨 중 하나입니다.

[that]

Organization & Summary

A 빈칸을 채워 표를 완성하세요.

핵심 주제와 세부 사항 〈핵심 주제: 폭풍〉

세부 사항 1: 뇌우

• 가장 흔한 폭풍

• 천둥과 번개(=정전기)를 일으킴　　1. lightning　2. static

세부 사항 2: 토네이도　　　　　　　　　3. Tornadoes

• 험한 뇌우　　　　　　　　　　　　　4. severe

• 미국 중서부(=토네이도 길목)를 휩쓺

세부 사항 3: 허리케인

• 가장 강력하고 가장 위험한 폭풍

• 명칭이 붙여짐　　　　　　　　　　　5. names

• 범주 1에서부터 5까지 강도 등급이 매겨짐　6. categories

B 빈칸을 채워 요약문을 완성하세요.

폭풍은 모든 기후대에서 발생하는 험한 날씨 중 하나입니다. 뇌우는 가장 흔한 폭풍입니다. 뇌우는 정전기를 발생시킬 수 있습니다. 큰 천둥소리도 나게 합니다. 토네이도는 기압의 갑작스러운 하락으로 소용돌이가 발생할 때 시작됩니다. 미국 중서부에 있는 '토네이도 길목'이라고 불리는 지역에서는 많은 토네이도가 땅을 휩씁니다. 허리케인은 가장 강력하고 가장 위험한 폭풍입니다. 허리케인은 바다에서 물을 증발시키는 따뜻한 저기압에 의해 발생합니다.

❶ climates　　❷ electricity　　❸ drop

❹ vortex　　❺ dangerous　　❻ evaporate

| 본문 해석 | 사계절

p.22

햇살이 내리쬐는 여름부터 몹시 추운 겨울까지, 우리에게는 사계절이 있습니다. 지구의 궤도와 축의 기울어짐은 사계절을 만들어 내면서 서로 다른 네 단계의 태양 에너지를 만듭니다.

지구의 축이 태양으로부터 멀리 기울어지면 지구는 많은 햇빛을 받을 수 없습니다. 그것이 사계절 중 겨울이 가장 추운 이유입니다. 눈이 대지를 뒤덮고 기온은 영도 이하로 내려갑니다. 아이들은 눈사람을 만들거나 얼음 위에서 스케이트를 타는 것을 고대합니다.

지구가 태양 쪽으로 기울어지면서 지구는 더 많은 햇빛을 받습니다. 따라서 낮이 더 길어지고 더 따뜻해집니다. 겨울잠에서 자연이 깨어나 봄이 되면 새들은 지저귀기 시작합니다. 나무에서는 초록 잎들이 자라나고, 아이들은 행복하게 자전거를 탑니다.

이윽고 여름이 덥고 습한 날씨와 함께 옵니다. 지구의 축이 태양을 향해 기울어져 있기 때문입니다. 사계절 중 지구는 여름에 가장 많은 햇빛을 받습니다. 해바라기들은 태양에 닿을 듯하고, 가족들은 더위를 식히려고 해변으로 놀러 갑니다.

지구가 계속 움직이면서 가을은 여름의 푸름을 주황색, 노란색, 갈색의 다양한 색조로 바꿉니다. 여름은 이제 끝나고, 나뭇잎들은 땅으로 떨어집니다. 농부들은 농작물을 수확하고, 시장에는 식품으로 가득 찹니다. (모든 사람들은 이제 겨울을 준비합니다.)

| Vocabulary 해석 |

• frost 몹시 추운: ⓐ 서리가 생길 정도로 추운 • axis 축: ⓝ 지구와 같은 회전하는 물체가 회전하는 선 • tilt 기울어지게 하다: ⓥ 한쪽이 다른 한쪽보다 더 높게 하기 위해서 (무언가를) 들어 올리거나 이동시키다 • sunray 태양 광선: ⓝ 태양 빛 줄기 • below 아래에: ⓟⓡⓔ 더 낮은 곳이나 더 낮은 곳으로 • chirp 짹짹거리다: ⓥ 높은 톤의 소리를 내다 • cool off 식히다: ⓥ 날이 너무 더울 때 몸의 온도를 낮추다 • shade 색조: ⓝ 다른 색과 약간 다른 주어진 색의 성질

| Grammar Quiz: 접속사 as |

문장 ①과 ②에서 접속사를 찾으세요.

① As   ② As

| 배경지식 확인하기 | p.21

1. 계절은 일년 중의 한 시기입니다.   [year]
2. 봄에는 지구가 태양을 향해 기울어져 있기 때문에 날씨가 따뜻 해집니다.   [warmer]
3. 하지에는 낮이 가장 길고 밤이 가장 짧습니다.   [shortest]

| 문제 정답 및 해석 | p.24

Comprehension Checkup

A 가장 알맞은 답을 고르세요.

1. 본문은 주로 무엇에 관한 글인가요?   [d]
   a. 모든 사람들이 가장 좋아하는 계절
   b. 태양이 지구에 하는 일
   c. 각각의 계절에 우리가 해야 하는 일
   d. 사계절과 그 특징

2. 지구가 햇빛을 가장 적게 받을 때는 언제인가요?   [d]
   a. 낮이 길어질 때
   b. 지구가 태양의 궤도를 돌 때
   c. 지구의 축이 태양을 향해 기울어질 때
   d. 지구의 축이 태양으로부터 멀리 기울어질 때

3. 지구가 태양 쪽으로 기울어지면 무슨 일이 일어나나요? [c]
   a. 지구는 지저귀기 시작합니다.
   b. 지구는 사계절을 갖습니다.
   c. 지구는 더 많은 햇빛을 받습니다.
   d. 지구는 많은 재미있는 일들을 만듭니다.

4. 사계절에 관한 어떤 진술이 사실인가요?　　　　[c]

  a. 농부들은 봄에 곡식을 수확합니다.

  b. 가을에는 낮이 더 길어지고 더 따뜻해집니다.

  c. 지구는 여름에 가장 많은 햇빛을 받습니다.

  d. 지구의 축이 태양 쪽으로 기울어지면 겨울이 옵니다.

문장 삽입 유형

5. 다음의 문장이 들어갈 위치는 어디인가요?　　　　[d]

> 모든 사람들은 이제 겨울을 준비합니다.

쓰기 유형

B 알맞은 단어를 써 넣어 문장을 완성하세요.

6. 지구의 궤도와 축의 기울어짐은 사계절을 만들어 내면서 서로 다른 네 단계의 태양 에너지를 만듭니다.

> [orbit and tilt, four seasons]

Vocabulary & Grammar

A 알맞은 단어를 골라 빈칸을 채우세요.

1. 여름에 햇빛이 가장 강합니다.　　　　[sunrays]

2. 겨울에는 기온이 종종 영하 3도 아래로 떨어집니다. [below]

3. 겨울잠에서 깨어나면서 새들이 지저귑니다.　　[chirping]

4. 겨울에 지구의 축은 태양으로부터 멀리 기울어집니다. [axis]

5. 어떤 과일들은 각기 다른 색조의 붉은색을 띠고 있습니다.

> [shades]

6. 햇살이 내리쬐는 여름부터 몹시 추운 겨울까지, 우리에게는 사계절이 있습니다.　　　　[frosty]

B 접속사 as가 들어갈 알맞은 위치를 고르세요.

> 지구가 태양 쪽으로 기울어지면서 지구는 더 많은 햇빛을 받습니다. / 접속사 as

> ▶ **Grammar** 요목 부가 설명 p.75

1. 겨울이 오면 날씨가 추워집니다.　　　　[①]

2. 지구가 태양 쪽으로 기울어지면서 지구는 햇빛을 더 많이 받습니다.　　　　[①]

3. 겨울잠에서 자연이 깨어나 봄이 되면 새들은 지저귀기 시작합니다.　　　　[③]

4. 지구의 축이 태양 쪽으로 기울어지면서 날씨가 뜨거워집니다.

[②]

5. 지구가 계속 움직이면서 가을은 여름의 푸름을 다양한 색조로 바꿉니다.　　　　[①]

Organization & Summary

A 빈칸을 채워 표를 완성하세요.

분류하기 〈사계절〉

봄

- **지구의 축:** 태양을 향해 기울어짐　　　　1. toward
- **기상 상태:** 따뜻함
- **일어나는 일:** 새들이 지저귀기 시작합니다. 초록 잎들이 자라납니다.

여름

- **지구의 축:** 태양을 향해 더 기울어짐
- **기상 상태:** 가장 많은 햇빛을 받음　　　　2. receiving
- **일어나는 일:** 해바라기들은 태양에 닿을 듯합니다.　3. reach

가을

- **일어나는 일:** 나뭇잎들이 땅으로 떨어집니다.　　4. fall

겨울

- **지구의 축:** 태양으로부터 멀리 기울어짐　　5. away from
- **기상 상태:** 눈이 옴, 기온이 영하로 떨어짐　　　6. zero
- **일어나는 일:** 아이들은 눈사람 만들기를 고대합니다.

B 빈칸을 채워 요약문을 완성하세요.

지구의 궤도와 축의 기울어짐은 사계절을 만들어 내면서 서로 다른 네 단계의 태양 에너지를 만듭니다. 지구의 축이 태양으로부터 멀리 기울어지면 지구는 많은 햇빛을 받을 수 없습니다. 그것이 사계절 중 겨울이 가장 추운 이유입니다. 지구의 축이 태양을 향해 더 기울어질수록 지구는 더 많은 햇빛을 받습니다. 낮이 더 길어지고 더 따뜻해집니다. 지구는 여름에 가장 많은 햇빛을 받습니다. 지구가 계속 움직이고, 여름은 끝납니다. 사람들은 겨울을 준비합니다.

❶ orbit　　　　❷ seasons　　　　❸ coldest

❹ sunrays　　　❺ keeps　　　　❻ winter

| 본문 해석 | **바다의 열대림**
p.28

산호초는 바다의 열대림이라 불립니다. 산호초는 열대 물고기와 해초가 있는 멋진 전망을 제공합니다. 산호초는 수많은 해양 생물의 서식지입니다.

많은 사람들은 산호초가 해양 식물 또는 심지어 바위라고 생각합니다. 그러나 산호초는 산호충이라 불리는 수백만 마리의 아주 작은 동물에 의해 형성됩니다. 산호충은 무리를 지어 생활합니다. 산호충은 단단한 골격으로 변하는 물질을 만들어냅니다. 이 단단한 골격은 시간이 흐르면서 암초(reef)를 쌓아 올립니다.

산호는 햇빛이 닿을 수 있는 얕은 열대 수역에서 자랍니다. 그 이유는 산호가 영양분을 위해 조류에 의존하기 때문입니다. 산호는 조류의 광합성으로 생산되는 부산물을 통해 영양분을 얻는데, 광합성에는 햇빛이 필수적입니다.

산호초는 매우 중요한 생태계의 일부입니다. 산호초는 수천 종류의 해양 식물과 동물에게 먹이와 서식지를 제공합니다. 모든 해양 동물의 1/4이 그곳에서 살아간다고 합니다. 산호초는 또한 바다의 청소부로 알려진 아주 작은 어류와 새우에게 훌륭한 서식지를 제공합니다. 이 작은 생물들이 더 큰 어류의 기생충들을 먹어 치움으로써 바다를 깨끗하게 만듭니다.

오늘날 산호초는 오염과 어획으로 멸종 위기에 처해 있습니다. 우리는 해양 생물과 우리 모두를 위해 산호초를 보호하는 방법들을 생각해야 합니다.

| Vocabulary 해석 |

• terrific 훌륭한: ⓐ 엄청나게 좋거나 대단한 • seaweed 해초: ⓝ 해조류처럼 바다에서 자라는 식물 • substance 물질: ⓝ 특정한 종류를 이루는 재료 • skeleton 뼈대: ⓝ 사람이나 동물의 몸을 지탱하는 뼈의 구조 • shallow 얕은: ⓐ 깊거나 강하지 않은 • byproduct 부산물: ⓝ 다른 어떤 것을 만드는 동안에 생기는 생산물 • essential 필수적인: ⓐ 절대적으로 필요한 • ecosystem 생태계: ⓝ 특정 환경에서 존재하는 모든 것

| 사진 해석 |

tropical fish 열대어 Various Corals 다양한 산호들 Brain coral 뇌 산호 Spiral coral 나선형 산호 Pillar coral 기둥 산호

| Grammar Quiz: 접속사 that |

문장 ①과 ②에서 that절을 찾으세요.

① that coral reefs are sea plants or even rocks   ② that a quarter of all the ocean's animals live there

---

| 배경지식 확인하기 | p.27

1. 동물과 식물을 위한 해양 서식지가 있습니다.   [habitats]

2. 바다는 매우 크고 깊은 소금물입니다.   [ocean]

3. 많은 포유류와 물고기, 식물들이 바다에 삽니다.   [plants]

| 문제 정답 및 해석 | p.30

Comprehension Checkup

A 가장 알맞은 답을 고르세요.

1. 본문은 주로 무엇에 관한 글인가요?   [c]
  a. 해양 생태계   **b.** 해양 생물의 역할
  c. 산호초의 특성과 중요성   **d.** 산호초에 대한 몇몇 오해

2. 산호가 영양을 섭취하기 위해서는 무엇이 필요한가요?   [a]
  a. 조류   **b.** 단단한 골격
  c. 더 큰 어류   **d.** 산호충

3. 아주 작은 어류와 새우들이 어떻게 바다를 청소하나요?

　　a. 광합성을 통해서　　　　　　　　　　　　　[d]

　　b. 시간이 흐르면서 암초를 쌓아 올림으로써

　　c. 단단한 골격으로 변함으로써

　　d. 더 큰 어류의 기생충들을 먹어 치움으로써

4. 산호초에 관한 어떤 진술이 사실이 아닌가요?　　[b]

　　a. 산호초는 아주 작은 어류에게 훌륭한 서식지를 제공합니다.

　　b. 산호초는 조류의 영양분으로부터 부산물을 만들어 냅니다.

　　c. 산호초는 수백만 마리의 아주 작은 산호충들에 의해 형성됩니다.

　　d. 산호초는 오염과 어획 때문에 멸종 위기에 처해 있습니다.

추론 유형

5. 본문에서 유추할 수 있는 것은 무엇인가요?　　　[b]

　　a. 산호초는 단단한 껍데기를 가지고 있습니다.

　　b. 산호초는 따뜻한 바닷물을 선호합니다.

　　c. 많은 사람이 멋진 전망을 보기 위해 산호초를 모읍니다.

　　d. 모든 해양 동물의 1/4은 산호초로부터 영양분을 얻습니다.

쓰기 유형

B 알맞은 단어를 써 넣어 문장을 완성하세요.

6. 우리는 해양 생물과 우리 모두를 위해 산호초를 보호하는 방법들을 생각해야 합니다.　　　[see creatures and us]

Vocabulary & Grammar

A 알맞은 단어를 골라 빈칸을 채우세요.

1. 산호충은 단단한 골격으로 변하는 물질을 만들어냅니다.
　　　　　　　　　　　　　　　　　　　　　[substance]

2. 산호는 얕은 열대 수역에서 자라며, 햇빛이 그곳에서 그들에게 닿을 수 있습니다.　　　　　　　　　　　　[shallow]

3. 산호는 조류의 광합성으로 생산되는 부산물을 통해 영양분을 얻습니다.　　　　　　　　　　　　　　　[byproducts]

4. 해초는 필수적인 미네랄의 풍부한 공급원입니다. [essential]

5. 산호초는 열대 물고기가 있는 멋진 전망을 보여줍니다. [terrific]

6. 산호초는 매우 중요한 생태계의 일부입니다.　[ecosystem]

B 밑줄 친 **that**이 접속사이면 C를 쓰고, 관계대명사이면 R을 쓰세요.

> 많은 사람들은 산호초가 해양 식물 또는 심지어 바위라고 생각합니다. / 접속사 that

▶ **Grammar** 요목 부가 설명 p.75

1. 산호초는 산호충이라 불리는 수백만 마리의 아주 작은 동물에 의해 형성됩니다.　　　　　　　　　　　　　　[R]

2. 산호충은 단단한 골격으로 변하는 물질을 만들어냅니다.　[R]

3. 그 이유는 산호가 영양분을 위해 조류에 의존하기 때문입니다.
　　　　　　　　　　　　　　　　　　　　　　　[C]

4. 모든 해양 동물의 1/4이 그곳에서 살아간다고 합니다.　[C]

5. 산호초는 바다의 청소부로 알려진 아주 작은 어류들에게 훌륭한 서식지를 제공합니다.　　　　　　　　　　　　[R]

Organization & Summary

A 빈칸을 채워 표를 완성하세요.

핵심 주제와 세부 사항 〈핵심 주제: 생태계에서 산호초의 역할〉

세부 사항 1: 산호초의 특징

● 산호충(=아주 작은 동물)에 의해 형성됨　　　　1. tiny

● 산호충의 단단한 골격이 암초를 쌓아 올립니다.　2. fill

세부 사항 2: 산호초가 필요한 환경

● 얕은 열대 수역　　　　　　　　　　　　　　3. tropical

● 햇빛　　　　　　　　　　　　　　　　　　　4. sunrays

● 조류의 광합성

세부 사항 3: 산호초의 영향

● 해양 생물에게 먹이와 서식지를 제공　　　　　5. shelter

● 아주 작은 어류와 새우에게 훌륭한 서식지를 제공　6. shrimp

B 빈칸을 채워 요약문을 완성하세요.

산호초는 수많은 해양 생물의 서식지입니다. 산호초는 산호충이라 불리는 수백만 마리의 아주 작은 동물에 의해 형성됩니다. 산호충은 단단한 골격으로 변하는 물질을 만들어냅니다. 이 단단한 골격은 시간이 흐르면서 암초를 쌓아 올립니다. 산호초는 매우 중요한 생태계의 일부입니다. 산호초는 수천 종류의 해양 생물에게 먹이와 서식지를 제공합니다. 산호초는 바다의 청소부로 알려진 아주 작은 어류와 새우에게 훌륭한 서식지를 제공합니다. 우리는 해양 생물과 우리 모두를 위해 산호초를 보호하는 방법들을 생각해야 합니다.

❶ creatures　　❷ turns　　❸ important

❹ provide　　❺ cleaners　　❻ preserve

| 본문 해석 | **꽃이 하는 일**   p. 34

꽃은 행사를 축하하거나 무엇인가를 아름답게 하는 데 사용됩니다. 어떤 꽃들은 심지어 약으로 먹기도 하고 차로 마시기도 합니다. 그러나 꽃이 하는 가장 중요한 일은 새로운 식물이 되는 씨를 생산하는 일입니다.

과일을 만들어 내기 위해서는 각 식물은 수분이 이루어져야 합니다. 그러나 대부분의 꽃은 스스로 수분을 할 수 없습니다. 곤충들이 꽃을 도와줍니다. 꽃은 아름다운 꽃잎과 달콤한 꿀 냄새로 곤충들을 유혹합니다. 곤충들은 이 달콤한 액체를 마시기 위해 꽃 위에 앉습니다. 곤충들이 수꽃 위에 앉을 때 꽃가루가 곤충 몸에 달라붙습니다. 꽃가루는 수꽃에서 발견되는 가루입니다. 곤충들이 이 꽃 저 꽃으로 날아다니면서 꽃가루를 퍼뜨립니다. 수꽃의 꽃가루는 암꽃과 수정이 됩니다.

암꽃이 수정된 후, 암꽃의 씨방에서 새로운 씨앗이 생깁니다. 이 씨들이 새로운 식물이 되는 한가지 방법은 농부가 씨들을 땅에 심을 때 입니다. 어떤 씨들은 바람이 불어 씨들을 주위에 퍼뜨린 후에 쉽게 새 식물이 될 수 있습니다. 씨가 만들어지기 시작할 즈음에 꽃은 죽지만 꽃의 씨방은 과일, 견과, 또는 곡물로 자랍니다. 어떤 것들은 사과 같은 과육이 많은 과일이 됩니다. 다른 것들은 단단하고 마른 견과나 밀알이 됩니다.

| Vocabulary 해석 |

• medicine 약: ⓝ 질병의 증상을 치료, 예방 또는 완화하는 것 • pollinate 수분하다: ⓥ 꽃가루를 옮겨서 수정시키다 • petal 꽃잎: ⓝ 꽃을 이루는 색이 있거나 하얀 얇은 부분 • liquid 액체: ⓝ 독립적인 형태는 없지만 일정한 부피가 있는 (물과 같은) 액체 • stick 달라붙다: ⓥ 무언가에 달라붙다 • spread 퍼뜨리다: ⓥ 널리 분포시키거나 확산시키다 • ovary 씨방: ⓝ 씨가 형성되는 꽃의 일부분 • fleshy 다육질의: ⓐ 과일처럼 즙이 많은

| 사진 해석 |

A honey bee collects flower nectar. 꿀벌이 꽃의 꿀을 모읍니다.   the pollen sac of a lily 백합의 꽃가루 주머니

| Grammar Quiz: 대명사 some |

문장 ①과 ②에서의 some이 이전 문장에서 가리키는 것을 찾으세요.

① these seeds   ② its ovary

| 배경지식 확인하기 | p. 33

1. 꽃은 씨앗을 만드는 부분을 포함합니다.   [seeds]

2. 씨앗은 자랄 준비가 되면 물, 공기, 온기가 필요합니다.
                                                    [warmth]

3. 씨앗은 새로운 식물이 자라기 시작할 수 있도록 도와주는 음식물을 옮깁니다.   [food]

| 문제 정답 및 해석 | p. 36

Comprehension Checkup

A 가장 알맞은 답을 고르세요.

1. 본문은 주로 무엇에 관한 글인가요?   [d]
   a. 다양한 꽃
   b. 다양한 종류의 수분 작용
   c. 언제 그리고 어떻게 사람들이 꽃을 필요로 하는가
   d. 씨앗을 생산하는 꽃의 역할

2. 꽃들이 아름다운 꽃잎과 달콤한 꿀을 가지고 있는 이유는 무엇인가요?   [d]
   a. 씨방을 더 크게 만들기 위해서
   b. 곤충이 먹이를 찾는 것을 도와주기 위해

c. 수분이 될 충분한 꽃가루를 만들어 내기 위해

d. 수분하는 것을 도와줄 곤충들을 유혹하기 위해

3. 꽃이 죽으면 씨방에 무슨 일이 생기나요?　　　　　[c]

a. 씨방은 꽃가루를 퍼뜨립니다.

b. 씨방은 바람을 통해 씨앗을 퍼뜨립니다.

c. 씨방은 과일, 견과, 또는 곡물로 자라납니다.

d. 씨방은 새로운 꽃을 만들어 내기 위해 스스로 수정합니다.

4. 꽃에 관한 어떤 진술이 사실이 아닌가요?　　　　[b]

a. 씨앗은 씨방에서 만들어집니다.

b. 씨앗은 곤충에 의해서만 퍼집니다.

c. 씨앗이 만들어지기 시작할 즈음에 꽃은 죽습니다.

d. 어떤 꽃은 행사를 축하하거나 차로 마시는 데 사용되기도 합니다.

의도 파악 유형

5. 저자가 어떤 꽃은 약으로 먹기도 한다는 것을 언급하는 이유는 무엇인가요?　　　　　[c]

a. 꽃은 쓸모가 없다는 것에 반박하기 위해서

b. 꽃의 가장 중요한 역할을 강조하기 위해서

c. 꽃을 다양하게 이용하는 예시를 들기 위해서

d. 자연적인 약의 원천의 예시를 들기 위해서

쓰기 유형

B 알맞은 단어를 써 넣어 문장을 완성하세요.

6. 꽃이 하는 가장 중요한 일은 새로운 식물이 되는 씨를 생산하는 일입니다.　[produce seeds, become new plants]

Vocabulary & Grammar

A 알맞은 단어를 골라 빈칸을 채우세요.

1. 꽃들은 아름다운 꽃잎과 달콤한 꿀 냄새로 곤충들을 유혹합니다.　　　　　[petals]

2. 씨방은 새 씨앗이 생기는 곳입니다.　　　　　[ovary]

3. 야생 식물들은 수천 년 동안 약과 음식으로 사용되었습니다.　　　　　[medicine]

4. 일부 씨방은 사과 같은 과육이 많은 과일로 자라납니다.　　　　　[fleshy]

5. 대부분의 꽃은 스스로 수분을 할 수 없습니다.　[pollinate]

6. 어떤 곤충들은 이 꽃 저 꽃으로 날아다니면서 꽃가루를 퍼뜨립니다.　　　　　[spread]

B 밑줄 친 some이 대명사이면 P를, 형용사이면 A를 쓰세요.

> 어떤 것들은 사과 같은 과육이 많은 과일이 됩니다.
>
> / 대명사 some

▶ **Grammar** 요목 부가 설명 p. 75

1. 어떤 꽃들은 심지어 약으로 먹기도 합니다.　[A]

2. 대부분의 꽃은 일부 곤충들의 도움으로 수분이 됩니다.　[A]

3. 어떤 씨들은 바람이 불어 씨들을 주위에 퍼뜨린 후에 쉽게 새 식물이 될 수 있습니다.　[P]

4. 어떤 것들은 사과 같은 과육이 많은 과일이 됩니다.　[P]

5. 어떤 것들은 단단하고 마른 견과나 밀알이 됩니다.　[P]

Organization & Summary

A 문장을 순서대로 배열하세요.

순서 〈씨앗을 만들기 위해서 꽃이 하는 일〉

- 꽃들이 아름다운 꽃잎과 달콤한 꿀로 곤충들을 유혹합니다.　[1]
- 수꽃의 꽃가루는 암꽃과 수정이 됩니다.　[4]
- 곤충들이 이 꽃 저 꽃으로 날아다니면서 꽃가루를 퍼뜨립니다.　[3]
- 새로운 씨앗이 새로운 식물이 됩니다.　[6]
- 새로운 씨앗이 씨방에서 만들어지고 꽃은 죽습니다.　[5]
- 곤충들이 수꽃 위에 앉으면 꽃가루가 곤충 몸에 달라붙습니다.　[2]

B 빈칸을 채워 요약문을 완성하세요.

꽃은 새로운 식물이 되는 씨를 생산합니다. 과일을 만들어 내기 위해서는 각 식물은 수분이 되어야 합니다. 곤충들이 이 꽃 저 꽃으로 날아다니면서 꽃가루를 퍼뜨립니다. 수꽃의 꽃가루는 암꽃과 수정이 됩니다. 꽃이 수정되면 꽃의 씨방에서 새로운 씨앗이 생깁니다. 이 씨들이 새로운 식물이 되는 한가지 방법은 농부가 씨들을 땅에 심을 때 입니다. 꽃이 죽으면 꽃의 씨방은 과일, 견과, 또는 곡물로 자랍니다. 어떤 것들은 사과 같은 과육이 많은 과일이 됩니다. 다른 것들은 단단하고 마른 견과나 밀알이 됩니다.

❶ produce　　❷ pollinated　　❸ insects

❹ fertilizes　　❺ plant　　❻ hard

| 본문 해석 | 나비와 나방

p. 42

나비와 나방은 매우 비슷해 보입니다. 그들은 같은 방식으로 영양분을 섭취합니다. 그들은 꽃과 과일로부터의 꿀이라 불리는 즙과 땅으로부터의 물을 마십니다. 그런데 여러분은 나방과 나비의 차이점을 어떻게 알 수 있나요?

나방과 나비 모두 작은 알로 태어나서 애벌레로 자랍니다. 애벌레는 짧은 다리가 있는 길고 부드러운 몸통을 가지고 있습니다. 어떤 애벌레는 털이나 뾰족한 침을 가지고 있습니다. 대부분의 애벌레는 초록색 혹은 갈색이며, 이러한 색깔은 애벌레가 다른 동물로부터 숨을 수 있도록 도와줍니다. 이를 보호색이라 부릅니다. 애벌레는 대개 나뭇잎을 먹습니다.

이후 애벌레는 자기 몸 주위로 단단한 껍질을 만듭니다. 껍질 안에서 애벌레는 나비나 나방으로 변합니다. 이러한 변화를 변태라고 부릅니다. 변태를 하는 동안 애벌레는 날개가 자라고 몸이 변합니다. 그러고 나서 나비나 나방이 껍질을 깨고 밖으로 나옵니다.

나비의 날개는 보통 다른 나비를 유혹하기 위해 다채로운 색을 띱니다. 나비의 날개 아랫부분에는 보호색이 있습니다. 나방은 보통 갈색, 회색 또는 흰색입니다. 나비는 낮 동안 날아다니길 좋아합니다. 나방은 밤에 날아다니길 좋아합니다. 나방은 나는 데 도움을 받기 위해 달빛을 이용합니다.

| Vocabulary 해석 |

• **similar** 비슷한: ⓐ 공통의 특징을 가진 • **caterpillar** 애벌레: ⓝ 벌레같이 생겼고 주로 밝은 색이며 털이나 가시가 있는 유충 • **spike** 뾰족한 것: ⓝ 길고 끝이 날카로운 물체 • **camouflage** 위장: ⓝ 무언가의 정체를 감추는 행위 • **mostly** 대개: ⓐⓓ 거의 모든 혹은 거의 완전히 • **shell** 껍질: ⓝ 동물이나 곤충의 딱딱한 외피 • **attract** 유혹하다: ⓥ (누군가가) 무엇을 좋아하게 하거나 관심을 갖게 하다 • **bottom** 맨 아래: ⓝ 어떤 것의 가장 낮은 부분, 지점, 혹은 정도

| 사진 해석 |

a twelve-step butterfly metamorphosis 나비의 12단계 변태 과정

| Grammar Quiz: 접속사가 연결하는 것 |

문장 ①과 ②에서 접속사와 그것이 연결하는 것을 찾으세요.

① long and soft ② a butterfly or a moth

| 배경지식 확인하기 | p. 41

1. 어떤 곤충은 매우 작고, 다른 곤충은 놀라울 정도로 큽니다.

[surprisingly]

2. 곤충은 해충이 될 수도 있지만, 곤충은 또한 우리에게 매우 중요합니다. [important]

3. 사실, 우리는 곤충 없이는 살 수 없습니다. [live]

| 문제 정답 및 해석 | p. 44

Comprehension Checkup

A 가장 알맞은 답을 고르세요.

1. 본문은 주로 무엇에 관한 글인가요? [c]

   a. 나비와 나방이 먹기 좋아하는 것

   b. 나비와 나방이 어떻게 비슷해 보이는가

   c. 나비와 나방의 비슷한 점과 차이점

   d. 애벌레와 변태의 차이점

2. 나비와 나방이 영양분을 얻기 위해서는 무엇이 필요한가요? [d]

   a. 나뭇잎 b. 부드러운 벌레

   c. 애벌레 d. 꿀과 물

3. 나비의 날개는 왜 색이 화려한가요?   [b]
   a. 먼 곳으로 날아가기 위해서
   b. 다른 나비들을 유혹하기 위해서
   c. 다른 동물로부터 숨기 위해서
   d. 꽃으로부터 영양분을 얻기 위해서

4. 나비와 나방의 차이점은 무엇인가요?   [b]
   a. 애벌레의 모습   b. 날개의 색
   c. 변태 과정에서 자라는 것
   d. 애벌레가 다른 동물로부터 숨는 방법

추론 유형
5. 본문에서 유추할 수 있는 것은 무엇인가요?   [c]
   a. 나방의 애벌레는 밤에 활발합니다.
   b. 나방은 다른 나방을 유혹할 필요가 없습니다.
   c. 생물체가 사는 곳과 생물체의 색깔은 위장과 관련이 있습니다.
   d. 애벌레는 변태 과정에서 스스로를 숨기지 않아도 됩니다.

쓰기 유형
B 알맞은 단어를 써 넣어 문장을 완성하세요.
6. 나비와 나방은 매우 비슷해 보이고 성장하기 위해 같은 과정을 겪습니다. 하지만 나방은 밤에 날아다니길 좋아하는 반면, 나비는 낮 동안 날아다니길 좋아합니다.   [during the day, at night]

Vocabulary & Grammar

A 알맞은 단어를 골라 빈칸을 채우세요.
1. 애벌레는 2주에서 3주가 지나면 나비가 됩니다. [caterpillar]
2. 여러분은 때때로 뾰족한 침을 가진 애벌레를 찾을 수 있습니다.
                                                   [spikes]
3. 나비의 날개 아랫부분에는 보호색이 있습니다.   [bottoms]
4. 애벌레는 대개 나뭇잎을 먹습니다.   [mostly]
5. 변태는 애벌레의 몸이 껍질 안에서 변할 때 입니다.   [shell]
6. 나비의 날개는 보통 다른 나비를 유혹하기 위해 다채로운 색을 띕니다.
                                                   [attract]

B 알맞은 단어를 골라 문장을 완성하세요.

> 그들은 꽃과 과일로부터의 꿀이라 불리는 즙을 마십니다.
> / 접속사가 연결하는 것

▶ **Grammar 요목 부가 설명** p.75

1. 여러분은 나방과 나비의 차이점을 어떻게 알 수 있나요?
                                                [butterflies]
2. 나방과 나비 모두 작은 알로 태어나서 애벌레로 자랍니다.
                                                     [grow]
3. 애벌레는 짧은 다리가 있는 길고 부드러운 몸통을 가지고 있습니다.   [soft]
4. 애벌레는 나비와 나방으로 변합니다.   [a butterfly]
5. 애벌레는 날개가 자라고 몸이 변합니다.   [changes]

Organization & Summary

A 빈칸을 채워 표를 완성하세요.

비교와 대조
나비
• 아랫부분에 보호색이 있는 화려한 날개를 가짐

                                    1. colorful 2. bottom
• 낮에 날아다님

공통점
• 꿀과 물을 마심
• 작은 알로 태어남   3. eggs
• 애벌레로 자라남
• 변태를 하는 동안 변화함   4. metamorphosis

나방
• 갈색, 회색 또는 흰색의 날개를 가짐
• 밤에 날아다님   5. night
• 나는 데 도움을 받기 위해 달빛을 이용함   6. moonlight

B 빈칸을 채워 요약문을 완성하세요.
나비와 나방은 영양분을 얻기 위해 꿀과 물을 마십니다. 나방과 나비는 작은 알로 태어나서 애벌레로 자랍니다. 이후 애벌레는 자기 몸 주위로 단단한 껍질을 만듭니다. 껍질 안에서 애벌레는 몸이 변합니다. 그리고 나서 나비나 나방이 껍질을 깨고 밖으로 나옵니다. 나비의 날개는 보통 다른 나비를 유혹하기 위해 다채로운 색을 띕니다. 날개 아랫부분에는 보호색이 있습니다. 나비는 낮 동안 날아다니길 좋아합니다. 나방은 보통 갈색, 회색 또는 흰색입니다. 나방은 밤에 날아다니길 좋아합니다.

❶ nectar   ❷ caterpillars   ❸ shell
❹ attract   ❺ camouflage   ❻ brown

| 본문 해석 | **별과 행성** p.48

우리는 밤하늘에 빛나는 많은 점들을 볼 수 있습니다. 빛나는 점들은 별과 행성입니다. 별은 타는 가스의 거대한 구로서 빛이라 불리는 에너지를 생성합니다. 대부분 별들은 매우 멀리 떨어져 있어 밝은 점처럼 보입니다. 매우 뜨거운 별은 파란색, 중간 정도로 뜨거운 별은 노란색, 그리고 가장 낮은 온도의 별은 빨간색입니다. 별의 밝기는 별이 얼마나 많은 빛을 생성하느냐, 그리고 지구로부터의 별의 거리에 달려 있습니다. 더 뜨거운 별일수록 더 밝게 빛납니다. 지구에서 더 가까운 별일수록 우리에게는 더 밝게 보입니다.

태양은 우주에 있는 수십억 별 중 하나입니다. 태양의 색깔은 노란색입니다. 이는 태양이 별 중에서 겨우 중간 정도로 뜨겁다는 뜻입니다. 그러나 태양의 중심 온도는 섭씨 13,000,000도 이상입니다. 태양은 우주의 다른 별들과 비교해보면 작은 별입니다. 그러나 태양은 지구보다 훨씬 더 큽니다.

행성 또한 우주에 있는 물체입니다. 행성은 별 주변을 도는 큰 물체입니다. 별과는 달리 행성은 스스로 빛을 내지 못합니다. 행성은 오직 태양으로부터의 반사되는 빛 때문에 빛납니다. 지구는 태양 주변을 도는 행성 중 하나입니다.

| Vocabulary 해석 |

• dot 점: ⓝ 매우 작은 동그란 모양 • medium 중간의: ⓐ 크지도 작지도 않지만 크기나 수준이 평균적인 • shine 빛나다: ⓥ 빛을 발산하다 • appear 나타나다, 보이기 시작하다: ⓥ ~인 듯하다, ~처럼 보이다 • universe 우주: ⓝ 모든 별, 행성, 그리고 다른 것들이 존재하는 전체 공간 • center 중심: ⓝ 어떤 것의 가운데 • compare 비교하다: ⓥ 유사점과 차이점을 조사하고 기록하다 • object 물체: ⓝ 보거나 만질 수 있지만 살아 있지 않은 것

| 사진 해석 |

Big Dipper 북두칠성 the sun and the eight planets of our solar system 태양과 우리 은하계의 여덟 행성

| Grammar Quiz: **부사: so, very, much** |

문장 ①과 ②에서 so와 much가 수식하는 것을 찾으세요.

① far ② bigger

| 배경지식 확인하기 | p.47

1. 태양은 열과 빛을 발산합니다. [heat]

2. 태양은 다른 어떤 별보다도 훨씬 더 크고 더 밝아 보입니다. [brighter]

3. 그것은 태양이 지구에 훨씬 가깝기 때문입니다. [closer]

| 문제 정답 및 해석 | p.50

Comprehension Checkup

🅐 가장 알맞은 답을 고르세요.

1. 본문은 주로 무엇에 관한 글인가요? [b]

a. 태양과 지구의 온도 b. 우주에 있는 다양한 별과 행성

c. 별과 행성의 차이점 d. 태양과 지구의 관계

2. 별의 밝기는 무엇에 달려있나요? (정답 두개를 고르세요.)

a. 별이 얼마나 큰지 [c, d]

b. 별이 무엇으로 만들어졌는지

c. 별이 얼마나 멀리 있는지

d. 별이 얼마나 많은 빛을 생성하는지

3. 행성은 왜 빛이 나나요? [d]

a. 행성이 빛을 냅니다.

b. 행성이 스스로 빛납니다.

c. 행성은 빛나는 점이 있습니다.

d. 행성이 태양으로부터의 빛을 반사합니다.

4. 어떤 진술이 사실이 아닌가요? [b]

   a. 태양은 별 중에서 중간 정도로 뜨겁습니다.

   b. 태양은 우주에서 가장 큰 별입니다.

   c. 지구에서 더 가까운 별일수록 우리에게는 더 밝게 보입니다.

   d. 대부분 별들은 매우 멀리 떨어져 있어서 밝은 점처럼 보입니다.

추론 유형

5. 본문에서 유추할 수 있는 것은 무엇인가요? [c]

   a. 빨간 별은 빛을 발산하지 않습니다.

   b. 별은 더 뜨거울수록 더 큽니다.

   c. 행성들은 태양 주변에 위치해 있습니다.

   d. 태양의 색깔은 궤도를 돌면서 변합니다.

쓰기 유형

B 알맞은 단어를 써 넣어 문장을 완성하세요.

6. 별과는 달리 행성은 스스로 빛을 내지 못하고 오직 태양으로부터의 반사되는 빛 때문에 빛을 냅니다.

[light reflected from the sun]

Vocabulary & Grammar

A 알맞은 단어를 골라 빈칸을 채우세요.

1. 중간 정도로 뜨거운 별들은 노란색, 가장 낮은 온도의 별들은 빨간색입니다. [medium]

2. 우주에 얼마나 많은 별이 있는지는 아무도 모릅니다.

[universe]

3. 왜 물체는 멀리 떨어져 있으면 더 어둡게 보일까요? [appear]

4. 우리는 밤에 빛나는 별을 볼 수 있는 캠핑을 기대합니다.

[shine]

5. 학생들이 교실에서 자료를 모으고 행성들의 크기를 비교합니다. [compare]

6. 태양은 우리 태양계의 중심에 있는 별입니다. [center]

B 부사 so, very, much가 들어갈 알맞은 위치를 고르세요.

> 그것은 지구보다 훨씬 더 큽니다. / 부사: so, very, much

▶ Grammar 요목 부가 설명 p.75

1. 대부분 별들은 매우 멀리 떨어져 있어 밝은 점처럼 보입니다.

[③]

2. 매우 뜨거운 별은 파란색, 중간 정도로 뜨거운 별은 노란색입니다. [①]

3. 태양은 지구보다 훨씬 더 큽니다. [②]

4. 태양은 매우 뜨거워서 중심 온도는 섭씨 13,000,000도 이상입니다. [①]

5. 태양은 지구보다 훨씬 더 뜨겁습니다. [②]

Organization & Summary

A 빈칸을 채워 표를 완성하세요.

핵심 주제와 세부 사항 〈핵심 주제: 별과 행성〉

세부 사항 1: 별

- 타는 가스의 거대한 구   1. gas

- 별의 밝기는 별이 얼마나 많은 빛을 생성하느냐, 그리고 지구로부터의 별의 거리에 달려 있습니다. 2. brightness 3. distance

- 뜨거울수록 → 더 밝음

세부 사항 2: 태양

- 중간 정도로 뜨거움   4. medium

- 중심 온도는 섭씨 13,000,000도 이상

- 작은 별이지만 지구보다는 훨씬 큼

세부 사항 3: 행성   5. Planets

- 별 주위를 회전하는 큰 물체

- 빛을 내지 않음

- 오직 태양으로부터의 반사되는 빛 때문에 빛을 냄 6. reflected

B 빈칸을 채워 요약문을 완성하세요.

별은 타는 가스의 거대한 구입니다. 별은 더 뜨거울수록 더 밝게 빛납니다. 태양은 우주에 있는 별 중 하나입니다. 태양의 색은 노란색입니다. 태양의 중심 온도는 섭씨 13,000,000도 이상입니다. 태양은 우주의 다른 별들보다는 더 작지만, 지구보다는 훨씬 더 큽니다. 행성은 별 주위를 도는 거대한 물체입니다. 행성은 오직 태양으로부터의 반사되는 빛 때문에 빛을 냅니다. 지구는 태양 주변을 도는 행성 중 하나입니다.

❶ burning   ❷ shines   ❸ temperature

❹ universe   ❺ object   ❻ move

| 본문 해석 | 화산   p.54

여러분은 화산이 어떻게 형성되는지 궁금했던 적이 있었나요? 용해된 암석이 지구의 맨틀로부터 분출될 때 화산이 폭발합니다. 용해된 암석이 분출되면, 그것을 용암이라고 부릅니다. 용암이 분출되어 굳어질 때마다 화산은 점점 더 커집니다. 수천 년에 걸쳐 굳어진 용암이 산을 형성합니다.

지구의 깊은 내부는 움직이고 있습니다. 지구의 표면 아랫부분에는 마그마라고 불리는 용해된 암석으로 가득차 있습니다. 지구 일부가 움직일 때, 압력이 발생하여 지구의 지각을 통해 마그마를 밀어올립니다. 이것이 바로 화산이 분출할 때 우리가 보게 되는 용암입니다. 용암은 매우 뜨겁습니다. 용암의 온도는 섭씨 700도에서 1,200도까지 이를 수 있습니다.

전세계에는 천 개가 넘는 활화산들이 있습니다. 활화산은 곧 폭발할지 모른다는 신호를 보여줍니다. 용암과 가스가 분출되거나 혹은 화산 근처에서 지진이 일어날 수도 있습니다.

수백만 명의 사람들이 화산 근처에 삽니다. '불의 고리'(환태평양 화산대)는 화산이 분포한 매우 큰 원입니다. 이는 일본에서부터 알래스카와 캐나다를 통해 캘리포니아 아래쪽까지 이어져 있습니다. (이곳은 종종 지진을 발생시킵니다.) 지진은 많은 사람들에 매우 위험합니다. 그러나 때때로 화산의 열기가 사람들이 살아가는 데 이용하는 에너지를 만듭니다. 그리고 화산의 용암과 재는 식량과 산림을 재배할 수 있는 비옥한 토양으로 바뀝니다.

| Vocabulary 해석 |

• **erupt** 폭발하다: ⓥ 활동을 시작하고 용암과 암석들을 뿜어내다 • **molten** 녹은: ⓐ 열에 의해 녹은 • **lava** 용암: ⓝ 화산에서 나오는 매우 뜨거운 액체 암석 • **harden** 굳다: ⓥ 딱딱하거나 더 딱딱하게 되다 • **push** 밀다: ⓥ 힘으로 움직이다 • **active** 활화산의(활동적인): ⓐ 폭발할 수 있는 • **earthquake** 지진: ⓝ 지구 표면 밑에서의 진동과 흔들림 • **ash** 재: ⓝ 무언가가 연소한 후 남는 회색이나 검은색의 가루 물질

| 사진 해석 |

the formation of a volcano 화산의 형성   chamber 지하 공간   magma 마그마   rock layers 암석층   pipe 관, 파이프   layers 층   sill 틀, 토대   vent 배출구   lava flow 용암류   ash cloud 화산재 구름   ash 화산재

| Grammar Quiz: 조동사: can, may |

문장 ①과 ②에서 다음과 같은 의미를 갖는 조동사를 찾으세요.
① ~할 수 있는 = can   ② 있음직한, 아마도 = may

| 배경지식 확인하기 | p.53

1. 지구의 단단한 부분은 육지입니다.   [solid]
2. 어떤 땅은 높습니다. 어떤 땅은 낮고, 어떤 땅은 평평합니다.
                                   [flat]
3. 산은 가장 높은 땅입니다.   [highest]

| 문제 정답 및 해석 | p.56

Comprehension Checkup

A 가장 알맞은 답을 고르세요.

1. 본문은 주로 무엇에 관한 글인가요?   [c]
    a. 재앙을 예측하는 것   **b.** 화산 폭발을 예방하는 것
    c. 화산의 형성과 효과   **d.** 화산의 장점과 단점

2. 화산은 언제 폭발하나요?   [d]

a. 용암이 굳을 때

b. 지각이 움직일 때

c. 용해된 암석이 마그마로 변할 때

d. 용해된 암석이 지구의 맨틀로부터 분출될 때

3. 마그마는 언제 지각 바깥으로 분출되나요?　　　　[c]

a. 마그마에서 나온 재가 커질 때

b. 용해된 암석이 매우 뜨거워질 때

c. 지구의 내부가 움직이고 압력을 만들어낼 때

d. 지구의 깊은 내부로부터의 가스가 마그마를 밀어낼 때

4. '불의 고리'에 관한 어떤 진술이 사실이 아닌가요?　[c]

a. 수백만 명의 사람들이 불의 고리 근처에 삽니다.

b. 불의 고리는 화산이 분포한 매우 큰 원입니다.

c. 불의 고리는 사람이 살아가는 데 이용하는 압력을 만들어 냅니다.

d. 불의 고리는 일본, 알래스카, 캐나다 그리고 캘리포니아를 지납니다.

문장 삽입 유형

5. 다음 문장이 들어갈 위치는 어디인가요?　　　　　[c]

> 이곳은 종종 지진을 발생시킵니다.

쓰기 유형

B 알맞은 단어를 써 넣어 문장을 완성하세요.

6. 화산은 사람들에게 매우 위험하지만, 때로는 화산의 열기가 사람들이 살아가는 데 이용하는 에너지를 만듭니다.

[makes energy, people use to live]

Vocabulary & Grammar

A 알맞은 단어를 골라 빈칸을 채우세요.

1. 마그마는 화산 입구 쪽으로 길을 밀어서 내어 분출합니다.

[pushes]

2. 후지 산은 일본에서 가장 높은 산이며 활화산입니다. [active]

3. 용암은 단단해지면서 천천히 흐르고 두꺼워집니다. [harden]

4. 화산재 구름과 가스는 화산 폭발 이후에 하늘로 올라갑니다.

[ash]

5. 용해된 암석이 지구의 맨틀로부터 분출될 때 화산이 폭발합니다.

[molten]

6. 용해된 암석이 분출되면, 그것을 용암이라고 합니다.　[lava]

B 알맞은 단어를 골라 문장을 완성하세요.

> 용암의 온도는 섭씨 700도에서 1,200도까지 이를 수 있습니다. / 조동사: can, may

▶ **Grammar 요목 부가 설명** p.75

1. 활화산은 곧 폭발할지 모른다는 신호를 보여줍니다.

[may erupt]

2. 용암과 가스가 분출될 수 있습니다.　　　　　[may come]

3. 화산 근처에서 지진이 발생할 수 있습니다.　　[could be]

4. 화산의 용암과 재는 식량을 재배할 수 있는 비옥한 토양으로 바뀝니다.　　　　　　　　　　　　　　[can grow]

5. 용암의 온도는 섭씨 700도에서 1,200도까지 이를 수 있습니다.

[can be]

Organization & Summary

A 문장을 순서대로 배열하세요.

순서 〈화산 폭발 과정〉

• 지구의 깊은 내부가 움직입니다.　　　　　　　　　　[1]

• 용암이 굳어지며 화산이 커집니다.　　　　　　　　　[5]

• 마그마가 분출되면 그것을 용암이라 합니다. 용암은 매우 뜨겁습니다.　　　　　　　　　　　　　　　　　　[4]

• 그 압력이 마그마라고 불리는 용해된 암석인 마그마를 지구의 지각을 통해 밀어올립니다.　　　　　　　　　　　[3]

• 그것은 압력을 발생시킵니다.　　　　　　　　　　　[2]

B 빈칸을 채워 요약문을 완성하세요.

화산은 마그마가 지구의 맨틀로부터 분출될 때 폭발합니다. 마그마는 용해된 암석입니다. 마그마는 지구의 표면 아랫부분에 있습니다. 지구의 일부가 움직일 때, 마그마는 지구의 지각을 통해 밀려올라갑니다. 이것이 화산이 분출할 때 우리가 보게 되는 용암입니다. 용암은 매우 뜨겁습니다. 화산은 사람들에게 매우 위험합니다. 그러나 때때로 화산의 열기가 사람들이 살아가는 데 이용하는 에너지를 만듭니다. 화산의 용암과 재는 식량과 산림을 재배할 수 있는 비옥한 토양으로 변합니다.

❶ magma　　　　❷ crust　　　　❸ lava

❹ extremely　　❺ energy　　　❻ soil

| 본문 해석 | 소리   p.60

기타, 인간의 목소리, 천둥이 가지고 있는 공통점은 무엇일까요? 이들 모두는 '소리'라는 것입니다. 그리고 소리는 모두 물질 내의 진동으로 만들어집니다.

진동은 에너지가 물질 내의 원자를 흔들리게 할 때 일어납니다. 이 움직임은 파장을 일으킵니다. 음파는 공기, 물, 그리고 단단한 바위까지 어떠한 물질이라도 통과할 수 있습니다. 그러나 물질이 없을 때는 소리도 없습니다. 물질이 없는 곳을 진공이라고 합니다. 우주는 공기가 없기 때문에 진공 상태입니다. 우주에서 우주비행사들이 서로 이야기하기 위해 무선통신기술을 사용하는 것은 이 때문입니다.

우리는 귀를 이용해서 소리를 들을 수 있습니다. 우리는 음파가 귀 안으로 들어오면 얇은 고막이 진동하기 때문에 소리를 들을 수 있습니다. 어떤 소리는 빠르고 높은 음역의 파장이지만, 어떤 소리는 느리고 낮은 음역의 파장입니다. 음파는 음악, 언어, 우리가 들을 수 있는 모든 소리를 만들어 냅니다.

소리는 시속 1,230킬로미터의 속도로 움직입니다. 그러나 어떤 것들은 소리보다 더 빠르게 움직입니다. 전투 제트기들은 시속 1,230킬로미터의 속도보다 더 빠르게 날아서 음속 장벽을 깰 수 있습니다. 이 전투 제트기는 커다란 음속 폭음을 만들어 냅니다. 번갯불 또한 소리보다 더 빠릅니다. 우리가 천둥이 만들어 내는 음속 폭음을 듣기 전에 번개를 보게 되는 이유가 이 때문입니다.

| Vocabulary 해석 |

• thunder 천둥: ⓝ 번갯불이 번쩍이고 나서 나는 소리 • vacuum 진공: ⓝ 물질이 없는 상태 • astronaut 우주비행사: ⓝ 우주선을 타고 비행하도록 훈련 받은 사람 • high-pitched (소리가) 높은: ⓐ 높은 소리를 내는 • language 언어: ⓝ 입에서 나오는 말을 통한 소통 • barrier 장벽: ⓝ 한계나 경계 • sonic 음속의, 소리의: ⓐ 소리, 음파, 음속의 혹은 그것과 관련있는 • boom 쾅, 탕 (하는 소리): ⓝ 깊고 큰 소리나 울음

| Grammar Quiz: 동명사 vs. 현재분사 |

문장 ①과 ②에서 밑줄 친 부분이 무엇인지 동그라미 하세요.

① Present participle   ② Gerund

| 배경지식 확인하기 | p.59

1. 음악은 함께 어울리는 소리들로 구성되어 있습니다. [sounds]
2. 음악은 사람들이 노래를 부르고 피아노 같은 악기를 연주하는 것입니다.   [instruments]
3. 들을 수만 있다면 여러분은 어디에서나 음악을 찾을 수 있습니다.   [listen]

| 문제 정답 및 해석 | p.62

Comprehension Checkup

A 가장 알맞은 답을 고르세요.

1. 본문은 주로 무엇에 관한 글인가요?   [d]
   a. 원자의 특징   b. 진동을 일으키는 것
   c. 다양한 소리의 속도
   d. 소리가 어떻게 발생하고 무엇이 소리를 만드는가

2. 음파의 특징이 아닌 것은 무엇인가요?   [b]
   a. 음파는 귀로 들을 수 있습니다.
   b. 음파는 단단한 바위를 통과할 수 없습니다.
   c. 음파는 음악, 언어, 모든 소리를 만들어 냅니다.
   d. 음파는 에너지가 물질 내의 원자를 흔들리게 할 때 발생됩니다.

3. 우주에서 우주비행사들이 서로 이야기하기 위해 무엇을 사용하나요?   [c]
   a. 얇은 고막   b. 음속 장벽
   c. 무선통신기술   d. 높은 음역의 파장

4. 우리가 천둥이 만들어 내는 음속 폭음을 듣기 전에 번개를 보게 되는 이유는 무엇인가요? [a]

  a. 번갯불이 소리보다 빠르기 때문에
  b. 번갯불이 음속 장벽을 깰 수 없기 때문에
  c. 우리가 얇은 고막으로 음속 폭음을 듣는 것은 어렵기 때문에
  d. 빛의 속도가 소리의 속도보다 항상 더 빠르기 때문에

추론 유형

5. 본문에서 유추할 수 있는 것은 무엇인가요? [b]

  a. 음악은 대개 높은 음역의 파장을 가진 소리를 사용합니다.
  b. 당신은 어떤 장치가 없다면 우주에서 어떤 것도 들을 수 없습니다.
  c. 만약 당신이 고막이 아프다면, 낮은 음역의 파장을 가진 소리만 들을 수 있습니다.
  d. 천둥이 만들어 내는 소리는 측정될 수 있는 소리들 중에 가장 빠릅니다.

쓰기 유형

B 알맞은 단어를 써 넣어 문장을 완성하세요.

6. 모든 소리는 물질 내의 진동으로 만들어지며, 이는 음악, 언어, 우리가 들을 수 있는 모든 소리를 만들어 냅니다.

[created by vibrations in matter]

Vocabulary & Grammar

A 알맞은 단어를 골라 빈칸을 채우세요.

1. 우주비행사들은 우주에서 서로 이야기하기 위해 무선통신기술을 사용합니다. [Astronauts]

2. 그것은 여러분이 알고 있는 언어와 비슷하게 들리나요?

[languages]

3. 전투 제트기가 음속 장벽을 깨는 것을 보세요. [barrier]

4. 물질이 없는 곳을 진공이라고 합니다. [vacuum]

5. 우리는 천둥이 만들어 내는 음속 폭음을 듣기 전에 번개를 먼저 보게 됩니다. [thunder]

6. 에너지가 물질 내의 원자를 흔들 때, 그것을 진동이라고 합니다.

[shakes]

B 알맞은 단어를 골라 문장을 완성하세요.

> 우리는 귀를 이용해서 소리를 들을 수 있습니다.
> / 동명사 vs. 현재분사

▶ **Grammar** 요목 부가 설명 p.75

1. 소리는 모두 물질 내의 진동으로 만들어지며, 우리가 들을 수 있는 모든 소리를 만들어 냅니다. [P]

2. 음파는 공기, 물, 그리고 단단한 바위까지 어떠한 물질이라도 통과할 수 있습니다. [P]

3. 우리는 귀를 이용해서 소리를 들을 수 있습니다. [G]

4. 우리는 진동하는 얇은 고막 때문에 소리를 들을 수 있습니다.

[G]

5. 전투 제트기들은 시속 1,230킬로미터의 속도보다 더 빠르게 날아서 음속 장벽을 깰 수 있습니다. [G]

Organization & Summary

A 빈칸을 채워 표를 완성하세요.

핵심 주제와 세부 사항 〈핵심 주제: 소리의 특징〉

세부 사항 1: 소리를 만드는 것
- 에너지가 물질 내의 원자를 흔들리게 합니다. → 파장을 일으킴

1. atoms

- 음파는 물질을 통과할 수 있습니다. 2. matter

세부 사항 2: 우리가 소리를 들을 수 있는 방법
- 귀를 이용해서
- 음파가 귀 안으로 들어오면 얇은 고막이 진동합니다. 3. vibrate
- 빠르고 높은 음역의 파장과 느리고 낮은 음역의 파장

4. low-pitched

세부 사항 3: 음속
- 시속 1,230킬로미터의 속도로 움직일 수 있음 5. travel
- 전투 제트기나 번갯불은 소리보다 빠릅니다. 6. lightning

B 빈칸을 채워 요약문을 완성하세요.

소리는 모두 물질 내의 진동으로 만들어집니다. 진동은 에너지가 물질 내의 원자를 흔들리게 할 때 일어납니다. 이 흔들림은 파장을 일으킵니다. 음파는 물질을 통과할 수 있습니다. 우리는 음파가 귀 안으로 들어오면 진동하는 얇은 고막 때문에 소리를 들을 수 있습니다. 어떤 소리는 빠르고 높은 음역의 파장인 반면, 어떤 소리는 느리고 낮은 음역의 파장입니다. 소리는 시속 1,230킬로미터의 속도로 움직입니다. 그러나 제트 전투기나 번갯불은 소리보다 더 빠릅니다.

❶ vibrations ❷ energy ❸ waves
❹ drum ❺ slow ❻ fighter jet

UNIT 9 The Rocky Mountains

p.70

| 본문 해석 | 로키산맥

로키산맥은 북미에서 가장 긴 산맥입니다. 로키산맥은 캐나다에서 시작해서 계속 뻗어 내려가 멕시코까지 이어집니다. 로키산맥은 3,000마일(4,800킬로미터)에 걸쳐 뻗어 있습니다. 로키산맥은 몬태나, 아이다호, 와이오밍, 유타, 콜로라도 5개 주를 통과합니다.

로키산맥은 깊은 계곡과 함께 바위투성이 산맥으로 이루어져 있습니다. 이러한 특징들이 로키산맥이 다양한 많은 동물과 식물에게 좋은 서식지가 되게 합니다. 흑곰, 회색곰, 퓨마, 울버린이 로키산맥에 살고 있습니다. 거위, 독수리, 부엉이, 칠면조가 이 산에서 겨울을 보냅니다. 다양한 풀과 야생화가 계곡에서 자랍니다. 낮은 산맥을 따라서는 사시나무와 황소나무 같은 상록수들이 자랍니다.

로키산맥은 또한 미국인들에게 많은 천연자원을 제공해 줍니다. 다양한 금속과 광물이 산맥의 바위에서 발견됩니다. 로키산맥에서 발견되는 가장 가치가 큰 금속은 구리입니다. 구리는 전선, 컴퓨터, 주전자와 프라이팬과 같은 제품에 사용됩니다. 천연가스 또한 로키산맥에서 나오는 중요한 자원입니다. 천연가스는 에너지의 중요한 원천입니다.

로키산맥에는 다양한 동물, 식물, 천연자원이 있습니다. 그래서 로키산맥의 많은 지역이 국립공원으로 보호되고 있습니다.

| Vocabulary 해석 |

• **range** 산맥: ⓝ 언덕이나 산이 연속적으로 있는 것 • **extend** (특정 지역·거리를) 포괄하다: ⓥ 어느 정도의 거리, 공간, 시간 등에 걸치다 • **rugged** 바위투성이의: ⓐ 거칠고 울퉁불퉁한 표면을 갖고 있는 • **everygreen** 상록수: ⓝ 일년 내내 푸른 잎을 가진 나무 • **resource** 자원: ⓝ 국가가 보유하고 있으며 그 국가의 부를 증가시키기 위해 사용할 수 있는 것 • **valuable** 가치가 큰: ⓐ 가치 또는 훌륭한 요소가 있는 • **wire** (전)선: ⓝ 금속으로 만들어진 얇고 잘 구부러지는 선 • **national** 국립의, 국가의: ⓐ 국가나 나라 전체의 혹은 관련된

| Grammar Quiz: 수동태 (be+p.p.) |

문장 ①과 ②에서 동사를 찾으세요.

① are made up   ② is protected

| 배경지식 확인하기 | p.69

1. 북미는 세 번째로 큰 대륙입니다.   [continent]
2. 미국은 북미의 중심부입니다.   [central]
3. 서쪽에는 태평양이 있고 동쪽에는 대서양이 있습니다.   [east]

| 문제 정답 및 해석 | p.72

Comprehension Checkup

A 가장 알맞은 답을 고르세요.

1. 본문은 주로 무엇에 관한 글인가요?   [b]
   a. 북미의 중요한 산들
   b. 로키산맥의 중요성
   c. 로키산맥에 사는 사람들
   d. 북미의 지리적 특징들

2. 로키산맥은 왜 많은 동물과 식물에게 좋은 서식지인가요? [d]
   a. 로키산맥은 3,000마일에 걸쳐 뻗어있고, 5개 주를 통과합니다.
   b. 로키산맥은 북미에서 가장 긴 산맥입니다.
   c. 로키산맥은 캐나다에서 시작해서 계속 뻗어 내려가 멕시코까지 이어집니다.
   d. 로키산맥은 깊은 계곡과 함께 바위투성이 산맥으로 이뤄져 있습니다.

3. 로키산맥의 낮은 부분을 따라서는 무엇이 있나요?   [a]
   a. 상록수
   b. 칠면조와 부엉이

c. 구리와 천연가스

d. 다양한 풀과 야생화

4. 로키산맥에서 나오는 천연자원에 관한 어떤 진술이 사실이 아닌가요? [d]

a. 가장 가치가 큰 금속은 구리입니다.

b. 구리는 주전자, 프라이팬, 컴퓨터에 사용됩니다.

c. 다양한 금속들과 광물들이 바위에서 발견됩니다.

d. 천연가스는 전자제품의 중요한 재료입니다.

추론 유형

5. 본문에서 로키산맥에 관해 유추할 수 있는 것은 무엇인가요?

a. 미국은 산맥 전체를 관리할 권한이 있습니다. [d]

b. 사람들은 금속들과 광물들을 캐내면서 로키산맥을 파괴하고 있습니다.

c. 방문객들은 산맥에 있는 국립공원에 들어갈 수 없습니다.

d. 로키산맥은 어디에 위치해 있느냐에 따라 날씨 상태가 다릅니다.

쓰기 유형

B 알맞은 단어를 써 넣어 문장을 완성하세요.

6. 로키산맥은 다양한 동물, 식물, 천연자원이 있습니다.

[animals, plants, natural resources]

Vocabulary & Grammar

A 알맞은 단어를 골라 빈칸을 채우세요.

1. 천연가스는 로키산맥의 중요한 자원입니다. [resource]

2. 로키산맥은 북미에서 가장 긴 산맥입니다. [range]

3. 로키산맥의 많은 지역이 국립공원으로 보호되고 있습니다.

[national]

4. 로키산맥에서 발견되는 가장 가치가 큰 금속은 구리입니다.

[valuable]

5. 로키산맥은 깊은 계곡과 함께 바위투성이 산맥으로 이루어져 있습니다. [rugged]

6. 산은 여러 주위 나라들을 포괄합니다. [extend]

B 알맞은 단어를 골라 문장을 완성하세요.

구리는 컴퓨터와 같은 제품에 사용됩니다.

/ 수동태 (be+p.p.)

▶ **Grammar 요목 부가 설명** p.75

1. 로키산맥은 깊은 계곡과 함께 바위투성이 산맥으로 이루어져 있습니다. [are made up]

2. 다양한 금속과 광물이 산맥의 바위에서 발견됩니다.

[are found]

3. 로키산맥에서 발견되는 가장 가치가 큰 금속은 구리입니다.

[is found]

4. 구리는 컴퓨터와 같은 제품에 사용됩니다. [is used]

5. 로키산맥의 많은 지역이 국립공원으로 보호되고 있습니다.

[is protected]

Organization & Summary

A 빈칸을 채워 표를 완성하세요.

핵심 주제와 세부 사항 〈핵심 주제: 로키산맥의 특징〉

세부 사항 1: 지리적 특징

• 북미에서 가장 긴 산맥　　　　　　　　　1. longest

• 3,000마일에 걸쳐 뻗어 있음　　　　　　 2. stretch

• 깊은 계곡과 함께 바위투성이 산맥으로 이루어져 있음

3. rugged

→ 다양한 많은 동물과 식물에게 좋은 서식지　4. home

세부 사항 2: 천연자원을 제공　　　　　 5. Resources

• 다양한 금속, 광물　　　　　　　　　　 6. minerals

• 구리

• 천연가스

B 빈칸을 채워 요약문을 완성하세요.

로키산맥은 북미에서 가장 긴 산맥입니다. 로키산맥은 깊은 계곡과 함께 바위투성이 산맥으로 이루어져 있습니다. 로키산맥은 다양한 많은 동물과 식물에게 좋은 서식지입니다. 로키산맥은 또한 미국인들에게 많은 천연자원을 제공해 줍니다. 구리와 천연가스는 로키산맥에서 얻을 수 있는 가장 중요한 천연자원입니다. 로키산맥의 많은 지역이 국립공원으로 보호되고 있습니다.

❶ range　　　❷ valleys　　　❸ provide

❹ natural　　 ❺ land　　　　❻ protected

UNIT 10 The Great Wall of China

| 본문 해석 | 중국의 만리장성

p.76

중국의 만리장성은 지금까지 지어진 가장 긴 성벽입니다. 비록 일부분은 파괴되었지만, 만리장성은 6,437킬로미터에 달합니다. 이 성벽은 하늘에서 보면 잠자는 거대한 용처럼 보입니다.

그러나 만리장성이 한번에 지어진 것은 아닙니다. 수세기 전, 중국은 몇 개의 왕국으로 이루어져 있었습니다. 이러한 왕국들은 비우호적인 이웃 나라들로부터 그들 자신을 보호하기 위해 영토 주변에 성벽을 쌓았습니다. 기원전 3세기, 시황제가 권력을 잡고 다른 왕국들을 정복했습니다. 그는 중국 최초의 황제가 되었습니다. 그러고 나서, 그는 성벽을 쌓으라 명했고 필요에 따라 새로운 구획을 만들었습니다. 성벽을 완성하기 위해서 오랫동안 수천 명의 일꾼들이 일했습니다. 노예, 군인, 심지어 농부들까지 성벽을 쌓는 데 보내졌습니다.

이 성벽은 진 왕조의 시황제 하에서 완성되지 않았습니다. 이 성벽은 여러 왕조에 의해 수세기에 걸쳐 건설되었습니다. 각 왕조는 성벽을 확장하고 보수하는 데 한몫을 했습니다. 오늘날 서 있는 성벽의 대부분은 명 왕조(1368~1644) 동안에 건설되었습니다.

이제 더는 성벽이 경계해야 할 북방의 침략자는 없습니다. 그러나 만리장성은 여전히 위대합니다. 매년 수백만 명의 사람들이 만리장성을 방문합니다. 오늘날, 이 성벽은 고대 중국의 힘의 상징이 되었습니다.

| Vocabulary 해석 |

• immense 거대한: ⓐ 막대한, 큰, 매우 대단한 • at once 즉시: 지체하거나 머뭇거림없이 • kingdom 왕국: ⓝ 국가의 수장이 왕인 나라 • seize 점령하다: ⓥ 강압적이고 급작스럽고 폭력적인 방법으로 (무언가를) 가로채거나 차지하다 • conquer 정복하다: ⓥ 무력을 사용하여 (나라나 도시 등을) 지배하다 • emperor 황제: ⓝ 제국을 다스리는 사람 • dynasty 왕조: ⓝ 오랫동안 한 나라를 다스리는 왕가 • invader 침략자: ⓝ 정복하기 위해 폭력을 써서 들어오려는 사람

| 사진 해석 |

an area of the sections of the Great Wall at Jinshanling 진산링에 있는 만리장성 구역 중 한 지역
the Great Wall between Simatai and Jinshanling 사마대와 진산링 사이의 만리장성 구간
the Great Wall at Mutianyu, near Beijing 베이징 근처 무텐위에 있는 만리장성

| Grammar Quiz: 주어-동사 일치 |

문장 ①과 ②에서 주어를 찾으세요.
① Most of the wall that stands today   ② Millions of people

| 배경지식 확인하기 | p.75

1. 아시아는 지구에서 가장 큰 대륙입니다.   [continent]
2. 그것은 전 세계 내륙지역의 30%를 덮고 있습니다.   [covers]
3. 아시아는 거대하고 비어있는 사막과 세계에서 가장 높은 산과 가장 긴 강의 일부를 포함합니다.   [contains]

| 문제 정답 및 해석 | p.78

Comprehension Checkup

A 가장 알맞은 답을 고르세요.

1. 본문은 주로 무엇에 관한 글인가요?   [a]
   a. 만리장성의 역사   b. 중국에서 가장 강력한 왕조
   c. 중국 역사의 몇몇 왕국 d. 만리장성을 건설하는 데 사용된 기술

2. 누가 만리장성을 지으라고 명령하였나요?   [d]
   a. 북방의 침략자들   b. 비우호적인 이웃 나라들
   c. 명 왕조의 황제   d. 중국 최초의 황제인 시황제

3. 중국인들은 왜 만리장성을 건설했나요?   [d]

   a. 산과 계곡을 횡단하기 위해서

   b. 그 성벽이 얼마나 거대하고 길게 건설될지 보기 위해서

   c. 권력을 잡고 다른 왕국을 정복하기 위해서

   d. 비우호적인 이웃 나라들로부터 그들 자신을 보호하기 위해서

4. 만리장성에 관한 어떤 진술이 사실이 아닌가요?   [c]

   a. 일부는 파손되었지만, 만리장성은 여전히 위대합니다.

   b. 노예, 군인, 농부가 만리장성을 짓는 일꾼들이었습니다.

   c. 만리장성은 수세기에 걸쳐 진 왕조와 명 왕조에 의해 건설
되었습니다.

   d. 만리장성은 하늘에서 보면 잠자는 거대한 용처럼 보입니다.

추론 유형

5. 본문에서 유추할 수 있는 것은 무엇인가요?   [d]

   a. 진 왕조의 상징은 용이었습니다.

   b. 명 왕조는 중국을 가장 오랜 기간 동안 다스렸습니다.

   c. 수천 명의 일꾼들은 무보수로 그 성벽을 짓기 위해 일했습니다.

   d. 왕국들 사이에 서로를 정복하기 위해 많은 전쟁이 일어났습니다.

쓰기 유형

B 알맞은 단어를 써 넣어 문장을 완성하세요.

6. 만리장성은 고대 중국의 힘의 상징이 되었습니다.

[a symbol of the might]

Vocabulary & Grammar

A 알맞은 단어를 골라 빈칸을 채우세요.

1. 시황제는 기원전 3세기에 권력을 잡았습니다.   [seized]

2. 그는 그의 군인들에게 그 소도시를 점령하라고 명령했습니다.

[conquer]

3. 시황제는 중국 최초의 황제가 되었습니다.   [emperor]

4. 만리장성은 한번에 지어진 것은 아닙니다.   [at once]

5. 당신은 대한민국의 마지막 왕조의 이름을 알고 있나요?

[dynasty]

6. 당신은 만리장성이 잠자는 거대한 용처럼 보인다고 생각하나
요?

[immense]

B 알맞은 단어를 골라 문장을 완성하세요.

매년 수백만 명의 사람들이 만리장성을 방문합니다.
/ 주어-동사 일치

▶ **Grammar** 요목 부가 설명 p.75

1. 비록 일부분은 파괴되었지만, 만리장성은 6,437킬로미터에 달
합니다.   [have been destroyed]

2. 노예, 군인, 심지어 농부들까지 성벽을 쌓는 데 보내졌습니다.

[were sent]

3. 오늘날 서 있는 성벽 대부분은 명 왕조 동안에 건설되었습니다.

[was constructed]

4. 이제 더는 성벽이 경계해야 할 북방의 침략자는 없습니다. [are]

5. 이 성벽은 고대 중국의 힘의 상징이 되었습니다.

[has become]

Organization & Summary

A 빈칸을 채워 표를 완성하세요.

핵심 주제와 세부 사항 〈핵심 주제: 만리장성의 역사〉

세부 사항 1: 얼마나 긴가

• 지금까지 지어진 가장 긴 성벽   1. built

• 잠자는 거대한 용 같음   2. immense

세부 사항 2: 누가 지었으며 왜 지었나

• 몇몇 왕국들은 비우호적인 이웃 나라들로부터 그들 자신을 지키
기 위해 그들의 영토 주위에 성벽을 쌓았습니다.   3. protect

• 시황제는 다른 왕국들을 정복했고 성벽을 쌓도록 명령했습니다.

4. ordered

세부 사항 3: 어떻게 지어졌나

• 일꾼들: 노예, 군인, 농부

• 다양한 왕조들에 의해 건설됨   5. dynasties

• 수세기에 걸쳐   6. centuries

B 빈칸을 채워 요약문을 완성하세요.

중국의 만리장성은 지금까지 지어진 가장 긴 성벽입니다. 기원전 3세
기, 중국 최초의 황제인 시황제가 성벽을 쌓으라 명령했고 필요에 따
라 새로운 구획을 만들었습니다. 성벽을 완성하기 위해서 오랫동안
수천 명의 일꾼들이 일했습니다. 이 성벽은 여러 왕조에 의해 수세기
에 걸쳐 건설되었습니다. 각 왕조는 성벽을 확장하고 보수하였습니
다. 오늘날 서 있는 성벽 대부분은 명 왕조 동안에 건설되었습니다.

❶ emperor   ❷ sections   ❸ complete

❹ extensions   ❺ repaired   ❻ constructed

UNIT 11 George Washington: The First President

p.82

| 본문 해석 | 조지 워싱턴: 초대 대통령

조지 워싱턴은 미국에서 가장 유명한 대통령 중 한 명입니다. 그는 1732년에 버지니아의 저명한 가문에서 태어났습니다. 조지 워싱턴이 11살 때 아버지가 돌아가셨지만, 그는 훌륭한 교육을 받았습니다.

조지 워싱턴은 조국을 위해 많은 업적을 쌓았습니다. 그는 버지니아와 다른 식민지들이 영국에 속해있는 상황을 알고 있었습니다. 그는 스무 살이 되었을 때 군에 입대했고 훌륭한 지휘관으로 복무했습니다. 군대를 제대한 후에 그는 헌신적인 정치인이 되었습니다. 그러나 그는 독립전쟁 중 복무한 것으로 가장 기억됩니다.

그는 미국의 독립 혁명 기간 동안 대륙 군의 장군이자 지휘관으로 복무했습니다. 식민지 주민들은 영국이 요구하는 공정하지 않은 세금에 저항했습니다. 그들은 1783년 영국과의 전쟁에서 승리했습니다.

그 이후, 미국은 영국으로부터 독립했습니다. 1789년 조지 워싱턴은 미국의 초대 대통령으로 선출되었습니다. 그는 8년 동안 대통령을 역임했습니다. 1797년 조지 워싱턴은 정부를 떠나 남은 생애를 평범한 농부로 보냈습니다. 조지 워싱턴은 군의 영웅이자 진실한 인물로 기억됩니다. 미국의 수도 'Washington D.C.'는 그의 이름을 따서 지은 것입니다.

| Vocabulary 해석 |

• **prominent** 저명한: ⓐ 중요하고 잘 알려진 • **military** 군대: ⓝ 한 나라의 군대 • **serve** 복무(근무)하다: ⓥ 임무나 일을 수행하다 • **devoted** 헌신적인: ⓐ 무언가나 누구에게 강한 애정이나 충성심이 있는 • **general** 장군: ⓝ 군대에서 높은 계급의 장교 • **commander** 지휘관: ⓝ 사람들의 집단을 책임지는 한 사람 • **unfair** 불공평한: ⓐ 옳지 않거나 공평하지 않은 • **integrity** 진실성: ⓝ 정직하고 공평한 성질

| 사진 해석 |

Washington Crossing the Delaware by Emanuel Leutze 엠마누엘 로이체의 '델라웨어 강을 건너는 워싱턴'

| Grammar Quiz: 과거분사 |

문장 ①과 ②에서 과거분사를 찾으세요.

① known ② remembered

| 배경지식 확인하기 | p.81

1. 조지 워싱턴은 미국의 창시자들 중 한 명이었습니다.

[Founding]

2. 그는 미국 독립전쟁 동안 미국 군대를 이끌었습니다. [army]

3. 이후에, 그는 새 공화국의 초대 대통령이 되었습니다.

[president]

| 문제 정답 및 해석 | p.84

Comprehension Checkup

Ⓐ 가장 알맞은 답을 고르세요.

1. 본문은 주로 무엇에 관한 글인가요? [b]

a. 영국에 대항한 전쟁
b. 조지 워싱턴의 삶
c. 미국의 수도
d. 조지 워싱턴의 대통령으로서의 업적

2. 조지 워싱턴이 20살이 되었을 때, 무슨 일이 일어났나요? [b]

a. 그의 아버지가 돌아가셨습니다.
b. 그는 군대에서 훌륭한 지휘관으로 복무했습니다.
c. 그는 평범한 농부가 되었습니다.
d. 식민지 주민들은 영국과 맞선 전쟁에서 승리했습니다.

3. 식민지 주민들과 영국 사이의 전쟁은 왜 발발했나요?　　[d]
　　a. 영국이 버지니아를 공격했습니다.
　　b. 식민지 주민들은 그들의 대통령을 선출하고 싶었습니다.
　　c. 조지 워싱턴이 대륙 군을 조직했습니다.
　　d. 식민지 주민들은 영국이 요구하는 공정하지 않은 세금에 저항했습니다.

4. 조지 워싱턴에 관한 어떤 진술이 사실이 아닌가요?　　[c]
　　a. 그는 훌륭한 교육을 받았습니다.
　　b. 그는 정부를 떠난 후, 농부가 되었습니다.
　　c. 그는 군인으로서 독립전쟁에 참전했습니다.
　　d. 그는 8년 동안 미국의 대통령을 역임했습니다.

의도 파악 유형

5. 저자는 본문 끝부분에서 미국의 수도를 왜 언급하나요?　　[c]
　　a. 미국의 대도시들이 어떻게 이름을 갖게 되었는지 설명하기 위해서
　　b. 조지 워싱턴이 군의 영웅이라는 의견에 동의하기 위해서
　　c. 조지 워싱턴이 진실한 인물로 존경받는 것을 강조하기 위해서
　　d. 조지 워싱턴의 지휘관으로서의 업적의 예를 들기 위해서

쓰기 유형

B 알맞은 단어를 써 넣어 문장을 완성하세요.

6. 미국의 초대 대통령인 조지 워싱턴은 군의 영웅이자 진실한 인물로 기억됩니다. [a military hero, a man of integrity]

Vocabulary & Grammar

A 알맞은 단어를 골라 빈칸을 채우세요.

1. 조지 워싱턴은 대륙 군의 장군이자 지휘관으로 복무했습니다.
[served]
2. 그는 저명한 가문에서 자랐고 훌륭한 교육을 받았습니다.
[prominent]
3. 그 무기는 내년부터 군대에서 사용될 것입니다. [military]
4. 조지 워싱턴은 진실한 인물로 기억됩니다. [integrity]
5. 그는 군대를 제대한 후, 헌신적인 정치인이 되었습니다.
[devoted]
6. 우리의 지방세는 가난한 사람들에게 매우 부당합니다.
[unfair]

B 알맞은 단어를 골라 문장을 완성하세요.

> 그는 1732년에 버지니아의 저명한 가문에서 태어났습니다.
> / 과거분사

▶ **Grammar** 요목 부가 설명 p.76

1. 조지 워싱턴은 미국에서 가장 유명한 대통령 중 한 명입니다.
[known]
2. 그는 1732년에 버지니아의 저명한 가문에서 태어났습니다.
[born]
3. 그는 독립전쟁 중 복무한 것으로 가장 기억됩니다.
[remembered]
4. 조지 워싱턴은 미국의 초대 대통령으로 선출되었습니다.
[elected]
5. 미국의 수도인 'Washington D.C.'는 그의 이름을 따서 지은 것입니다. [named]

Organization & Summary

A 문장을 순서대로 배열하세요.

순서 〈조지 워싱턴의 삶〉

- 조지 워싱턴은 1732년에 버지니아에서 태어났습니다. [1]
- 1797년에 그는 정부를 떠나 남은 생애를 평범한 농부로 보냈습니다. [7]
- 1789년에 그는 미국의 초대 대통령으로 선출되었습니다. [6]
- 하지만 그는 훌륭한 교육을 받았습니다. [3]
- 그는 독립 혁명 기간 동안 대륙 군의 장군으로 복무했습니다. [5]
- 그가 11살 때, 그의 아버지가 돌아가셨습니다. [2]
- 스무 살 때, 그는 입대하여 훌륭한 지휘관으로 복무했습니다. [4]

B 빈칸을 채워 요약문을 완성하세요.

조지 워싱턴은 미국에서 가장 유명한 대통령 중 한 명입니다. 그는 1732년에 버지니아에서 태어났습니다. 조지 워싱턴이 11살 때 그의 아버지가 돌아가셨습니다. 그러나 그는 훌륭한 교육을 받았습니다. 스무 살 때, 그는 군에 입대했고 훌륭한 지휘관으로 복무했습니다. 1783년에 식민지 주민들이 영국과의 전쟁에서 승리했습니다. 1789년 그는 미국의 초대 대통령으로 선출되었습니다. 1797년 그는 정부를 떠나 남은 생애를 평범한 농부로 보냈습니다.

❶ education　　❷ joined　　❸ colonists
❹ elected　　❺ left　　❻ farmer

UNIT 12 Martin Luther King

p. 88

| 본문 해석 | 마틴 루터 킹

마틴 루터 킹 주니어는 미국에서 인종 평등과 시민권을 위해 노력했던 위대한 인물이었습니다. 그는 1929년에 애틀랜타에서 태어났습니다. 그 당시 미국에는 인종 차별이 만연해 있었습니다. 아프리카계 미국인은 백인과 같은 상점에서 물건을 사는 것이 허락되지 않았습니다. 아프리카계 미국인 어린이들이 백인 어린이들과 같은 학교에 다니는 것 또한 허락되지 않았습니다.

킹 목사는 시내버스 이용 거부운동을 주도하기로 결심했습니다. 버스에서 아프리카계 미국인은 백인에게 자리를 양보해야만 했습니다. 이 운동은 1956년에 승리로 끝났습니다. 곧이어 킹 목사는 아프리카계 미국인에 대한 불공정한 대우에 항의하는 많은 평화시위를 주도했습니다. 킹 목사의 비폭력 평화운동은 1964년 민권법(미국의 흑인 인권 보호법)이 만들어지는 데 일조하였습니다. 민권법은 아프리카계 미국인이 다른 모든 사람들과 동등하게 대우받아야 한다는 법입니다. 킹 목사의 정의 추구는 그에게 1964년에 노벨 평화상을 안겼습니다.

1968년 킹 목사는 총에 맞았고, 전 세계가 그의 죽음을 애도했습니다. (오늘날, 사람들은 여전히 그의 꿈을 기억합니다.) 그의 꿈은 아이들이 자신의 피부색이 아닌 자신의 인격으로 판단되는 국가에서 살게 되는 것이었습니다.

| Vocabulary 해석 |

• equality 평등: ⓝ 같은 권리와 사회적 지위 등을 갖는 상태 • racism 인종 차별: ⓝ 인종 때문에 사람들을 나쁘게 대우하거나 폭력을 행사하는 것 • boycott 불매 운동: ⓝ 변화가 있을 때까지 (어떤 회사나 나라 등의) 물건이나 서비스를 이용하지 않는 것
• demonstration 시위: ⓝ 무언가를 지지하거나 반대한다는 것을 보여주기 위해 사람들이 함께 모이는 행사 • peaceful 평화적인: ⓐ 폭력이나 심각한 무질서 없이 • treatment 대우: ⓝ 어떤 사람이나 어떤 것의 관리 • pursuit 추구: ⓝ 특정한 결과를 이루려는 시도 • justice 정의: ⓝ 공정하거나 정의로운 자질

| Grammar Quiz: to부정사를 목적어로 갖는 동사 |

문장 ①과 ②에서 목적어를 찾으세요.
① to shop in the same stores as white people   ② to lead a boycott of city buses

| 배경지식 확인하기 | p. 87

1. 벤자민 프랭클린은 독립선언문에 서명을 한 미국 지도자들 중 한 명입니다.   [signed]
2. 그는 프랑스에게 미국으로 군인들을 보내라고 설득했습니다.   [convinced]
3. 그 프랑스 부대가 미국인들이 전쟁에서 이기도록 도왔습니다.   [win]

| 문제 정답 및 해석 | p. 90

Comprehension Checkup

Ⓐ 가장 알맞은 답을 고르세요.

1. 본문은 주로 무엇에 관한 글인가요?   [c]
   a. 부당한 대우와 불매운동
   b. 민권법이 어떻게 시작되었나
   c. 마틴 루터 킹의 정의 추구
   d. 이 세상을 더 나은 곳으로 만드는 방법

2. 미국에서 인종 차별의 예가 아닌 것은 무엇인가요?   [c]
   a. 아프리카계 미국인은 버스에서 백인에게 자리를 양보해야만 했습니다.
   b. 아프리카계 미국인 어린이들은 백인 어린이들과 같은 학교에 다닐 수 없었습니다.
   c. 아프리카계 미국인은 비폭력 시위에 참여하는 것이 허락되지 않았습니다.
   d. 아프리카계 미국인은 백인과 같은 상점에서 물건을 사는 것이 허락되지 않았습니다.

3. 무엇이 민권법을 가능케 했나요?   [b]
   a. 킹 목사의 갑작스러운 죽음   b. 킹 목사의 평화운동

c. 버스 승차 거부운동   d. 킹 목사의 노벨 평화상 수상

4. 킹 목사의 꿈은 무엇이었나요?   [a]
  a. 아프리카계 미국인이 자신의 피부색으로 판단되지 않는 것
      이었습니다.
  b. 많은 아프리카계 미국인이 그처럼 노벨 평화상을 받는 것이
      었습니다.
  c. 다른 나라의 사람들이 미국의 인종 차별을 비판하는 것이었
      습니다.
  d. 아프리카계 미국인이 그들의 인격으로 판단되지 않는 것이
      었습니다.

문장 삽입 유형

5. 다음의 문장이 들어갈 위치는 어디인가요?   [d]

오늘날, 사람들은 여전히 그의 꿈을 기억합니다.

쓰기 유형

B 알맞은 단어를 써 넣어 문장을 완성하세요.

6. 마틴 루터 킹 주니어는 미국에서 인종 평등과 시민권을 위해
  노력했던 위대한 인물이었습니다.

[racial equality and civil rights]

Vocabulary & Grammar

A 알맞은 단어를 골라 빈칸을 채우세요.

1. 그의 정의 추구는 그에게 1964년에 노벨 평화상을 안겼습니다.
                                        [persuit]
2. 우리는 여성의 권리와 인종 평등을 위해 싸워 왔습니다.
                                        [equality]
3. 킹 목사는 많은 비폭력 시위를 주도했습니다.
                                    [demonstrations]
4. 사람들은 시골에서 평화로운 삶을 누리며 사는 꿈을 꿉니다.
                                        [peaceful]
5. 킹 목사는 시내버스 이용 거부운동을 주도하기로 결심했습니다.
                                        [boycott]
6. 킹 목사는 아프리카계 미국인에 대한 부당한 대우에 항의했습
  니다.
                                        [treatment]

B 알맞은 단어를 골라 문장을 완성하세요.

아프리카계 미국인은 백인과 같은 상점에서 물건을 사는 것이
허락되지 않았습니다. / to부정사를 목적어로 갖는 동사

▶ **Grammar 요목 부가 설명** p.76

1. 그들의 어린이들은 백인 어린이들과 같은 학교에 다니는 것 또
  한 허락되지 않았습니다.   [to go]
2. 아프리카계 미국인은 백인과 같은 상점에서 물건을 사는 것이
  허락되지 않았습니다.   [to shop]
3. 킹 목사는 시내버스 이용 거부운동을 주도하기로 결심했습니
  다.   [to lead]
4 아프리카계 미국인은 다른 모든 사람들과 동등하게 대우받기
  를 원했습니다.   [to be]
5. 킹 목사의 비폭력 평화운동은 민권법이 만들어지는 데 일조하
  였습니다.   [to bring]

Organization & Summary

A 빈칸을 채워 표를 완성하세요.

원인과 결과

버스에서 아프리카계 미국인은 백인에게 자리를 양보해야만 했습
니다.   1. white
→ 킹 목사는 시내버스 이용 거부운동을 주도하기로 결심했고, 승
  리로 끝났습니다.   2. victory
→ 킹 목사는 아프리카계 미국인에 대한 불공정한 대우에 저항하는
  다른 많은 평화시위를 주도했습니다.   3. protested
→ 이러한 평화운동은 민권법이 만들어지는 데 일조했습니다. 그것
  은 아프리카계 미국인이 다른 사람들과 동등하게 대우받아야 한
  다고 말했습니다.   4. actions 5. treated
→ 킹 목사는 1964년에 노벨 평화상을 받았습니다.   6. won

B 빈칸을 채워 요약문을 완성하세요.

마틴 루터 킹 주니어는 미국에서 인종 평등과 시민권을 위해 노력
했습니다. 1956년에 킹 목사는 시내버스 이용 거부운동을 이끌었
고, 승리로 끝났습니다. 그 후에, 그는 아프리카계 미국인에 대한
불공정한 대우에 항의하는 많은 평화시위를 주도했습니다. 킹 목사
의 비폭력 평화운동은 1964년에 민권법이 만들어지는 데 일조하였
습니다. 킹 목사의 정의 추구는 그에게 노벨 평화상을 안겼습니다.
킹 목사는 1968년에 총에 맞아 숨졌습니다.

❶ equality   ❷ boycott   ❸ unfair
❹ nonviolent   ❺ pursuit   ❻ shot

| 본문 해석 | **미국의 이민자들** p.96

미국은 이민자의 나라입니다. 사실, 대부분의 미국인은 가족 배경에 이민자였던 누군가가 있습니다. 수십 년 동안, 전 세계에서 온 이민자들이 미국에 공헌을 해왔습니다.

크리스토퍼 콜럼버스가 미 대륙에 도착한 이후, 1600년대에 첫 이민자들이 이 새로운 땅으로 이주해 왔습니다. 일부는 빨리 큰 돈을 벌고자 했던 모험가들이었고, 또 다른 일부는 종교적 자유를 찾아온 평범한 사람들이었습니다.

1700년대 동안에는 많은 사람들이 서유럽 국가들에서 미국으로 건너갔습니다. 그들은 풍부한 땅과 자신들의 고향에서 기대할 수 있었던 것보다 더 나은 기회 때문에 미국으로 이주했습니다. 모든 이민자들이 스스로 원해서 미국에 온 것은 아니었습니다. 수백 만의 아프리카계 미국인들이 그들의 의지와는 반대로 미국으로 끌려왔고, 강제로 노예가 되었습니다. 아프리카계 미국인들이 자유로워진 것은 남북전쟁이 막 끝났을 때였습니다.

1800년대 중반 무렵에는 더 많은 사람들이 미국으로 이주해 왔습니다. 남유럽과 동유럽 국가 출신의 사람들이 미국의 서부를 탐험하기 위해 이주해 왔습니다. 곧이어 아시아인들도 일을 찾아 합류했습니다.

지속적인 이주가 낳은 결과로 현재 미국에는 많은 다양한 민족과 그들의 다른 문화가 공존하고 있습니다.

| Vocabulary 해석 |

• **background** 배경: ⓝ 한 사람의 사회적 유산 • **contribution** 기여: ⓝ 어떤 일이 일어나도록 도와주는 것 • **fortune** 재산, 거금: ⓝ 아주 많은 양의 돈 • **ordinary** 평범한: ⓐ 꾸밈이 없거나 특별하지 않은 • **plentiful** 풍부한: ⓐ 대량으로 존재하는 • **will** 의지: ⓝ 어떤 일을 하기 위한 강한 욕구 혹은 결심 • **ethnic** 민족의: ⓐ 공통의 민족적, 국가적, 문화적 배경을 가진 사람들의 인종 혹은 큰 집단과 관련된 • **coexist** 공존하다: ⓥ 서로 함께 평화롭게 살다

| 사진 해석 |

Christopher Columbus Arrives in America by Louis Frang 루이스 프랭의 '크리스토퍼 콜럼버스가 미국에 도착하다'

| Grammar Quiz: **시간과 관련된 전치사와 접속사** |

문장 ①과 ②에서 시간과 관련된 전치사를 찾으세요.

① Over   ② During

| 배경지식 확인하기 | p.95

1. 북미 원주민들은 미국에 최초로 살았던 사람들입니다.   [live]

2. 수년 후에, 탐험가들이 유럽에서부터 미국으로 왔습니다.   [explorers]

3. 크리스토퍼 콜럼버스가 도착한 후에, 다른 나라의 탐험가들이 미국으로 여행을 왔습니다.   [arrived]

| 문제 정답 및 해석 | p.98

Comprehension Checkup

🅐 **가장 알맞은 답을 고르세요.**

1. 본문은 주로 무엇에 관한 글인가요?   [c]
   a. 풍요의 땅, 미국   **b.** 미국인 가족의 배경
   c. 이민자의 나라, 미국   **d.** 이민자들이 미국에 기여한 점

2. 1700년대 동안에 서유럽 사람들은 왜 미국으로 이주 했나요?[c]
   a. 빨리 큰 돈을 벌기 위해서   **b.** 종교적인 자유를 찾아서
   c. 더 나은 기회를 찾아서   **d.** 미국에 공헌을 하기 위해서

3. 많은 아프리카계 미국인들이 언제 노예로부터 자유로워졌나요?

a. 1600년대에   **b.** 남북전쟁이 끝났을 때   [b]

c. 크리스토퍼 콜럼버스가 도착한 후에

d. 첫 번째 이민자들이 왔을 때

4. 어떤 진술이 사실이 아닌가요?   [c]

a. 첫 이민자들은 1600년대에 새로운 땅으로 왔습니다.

b. 이민자들은 미국에 공헌을 해왔습니다.

c. 1700년대 동안에 아시아인들은 일을 찾아 미국 서부 지역으로 왔습니다.

d. 1800년대 동안에 남유럽 사람들은 미국 서부 지역으로 이주했습니다.

추론 유형

5. 본문에서 유추할 수 있는 것은 무엇인가요?   [a]

a. 미국에서 모든 인종이 동등하게 대우받지 않았습니다.

b. 아시아 이민자들은 미국에서 일을 찾느라 힘든 시기를 보냈습니다.

c. 미국의 대부분의 이민자들은 서유럽 국가에서 왔습니다.

d. 미국에서 이민자들이 빨리 부를 축척하는 것은 불가능 했습니다.

쓰기 유형

B 알맞은 단어를 써 넣어 문장을 완성하세요.

6. 지속적인 이주가 낳은 결과로 현재 미국에는 많은 다양한 민족과 그들의 다른 문화가 공존하고 있습니다.

[different ethnic groups, different cultures]

Vocabulary & Grammar

A 알맞은 단어를 골라 빈칸을 채우세요.

1. 전 세계에서 온 이민자들이 미국에 공헌을 해왔습니다.

[contributions]

2. 일부 이민자들은 종교의 자유를 찾아온 평범한 사람들이었습니다.   [ordinary]

3. 수백 만의 아프리카계 미국인들이 그들의 의지와는 반대로 미국으로 끌려왔습니다.   [will]

4. 미국에는 많은 다양한 민족과 그들의 다른 문화가 공존할 수 있습니다.   [coexist]

5. 우리나라의 모든 사람들이 저마다 문화적 배경이 다릅니다.

[background]

6. 일부 민족이 매년 일을 찾으러 옵니다.   [ethnic]

B 알맞은 단어를 골라 문장을 완성하세요.

> 수십 년 동안, 전 세계에서 온 이민자들이 미국에 공헌을 해왔습니다. / 시간과 관련된 전치사와 접속사

▶ **Grammar 요목 부가 설명** p.76

1. 크리스토퍼 콜럼버스가 미 대륙에 도착한 이후, 첫 이민자들이 이 새로운 땅으로 이주해 왔습니다.   [After]

2. 수십 년 동안, 전 세계에서 온 이민자들이 미국에 공헌을 해왔습니다.   [Over]

3. 1600년대에 전 세계에서 온 이민자들이 미국에 공헌을 했습니다.   [in]

4. 1700년대 동안에는 많은 사람들이 서유럽 국가들에서 미국으로 건너갔습니다.   [During]

5. 1800년대 중반 무렵에는 더 많은 사람들이 미국으로 이주해 왔습니다.   [Toward]

Organization & Summary

A 빈칸을 채워 표를 완성하세요.

열거하기 〈미국으로의 지속적인 이주〉

1600년대에: 첫 이민자들 ← 빨리 큰 돈을 벌기 위해 혹은 종교적 자유를 위해   1. fortunes

1700년대 동안: 많은 유럽인들 ← 풍부한 땅, 수백 만의 아프리카계 미국인들 → 강제로 노예가 됨   2. plentiful 3. slavery

1800년대 중반 무렵: 많은 남부와 동부 유럽인들

← 미국 서부 지역을 탐험하기 위해, 아시아인들 ← 일을 찾기 위해   4. explore 5. Asians

오늘날: 현재 많은 다양한 인종과 그들의 다른 문화가 공존합니다.   6. cultures

B 빈칸을 채워 요약문을 완성하세요.

미국은 이민자의 나라입니다. 1600년대 첫 이민자들은 빨리 큰 돈을 벌기 위해 혹은 종교적 자유를 찾아 왔습니다. 1700년대 동안에는 많은 서유럽 출신의 사람들이 풍부한 땅 때문에 왔습니다. 수백 만의 아프리카계 미국인들이 그들의 의지와는 반대로 노예로 끌려왔습니다. 1800년대 중반에 남유럽과 동유럽 출신의 많은 사람들이 미국의 서부를 탐험하기 위해 이주해 왔습니다. 아시아인들도 일을 찾아 합류했습니다. 오늘날, 현재 미국에는 많은 다양한 민족과 그들의 문화가 공존하고 있습니다.

❶ immigrants   ❷ religious   ❸ land

❹ will   ❺ western   ❻ ethnic

| 본문 해석 | 남북전쟁

1861년 봄, 미국 북부와 남부 사이에 치명적 갈등이 폭발했습니다. 그것이 남북전쟁이었습니다. 남부의 11개 주는 노예제도와 주의 권리 문제 때문에 미합중국에서 탈퇴하기를 원했습니다. 그들은 목화농장에서 일할 노예들을 계속 소유하고 싶어했으며 연방 정부가 그들의 주 법규에 간섭하는 것을 원치 않았습니다.

남부와 북부 모두 전쟁이 금방 끝날 것으로 생각했습니다. (남부의 힘은 군대였습니다.) 남부의 병사들은 말을 타고 총을 사용하는 것에 능숙했습니다. 남부에는 또한 다수의 잘 훈련된 장교들이 있었습니다. 북부는 남부보다 더 많은 인구와 자원을 가지고 있었습니다. 북부에는 군대에 조달할 무기와 군복을 더 잘 생산할 수 있는 공장들이 있었습니다.

전쟁 초반에는 남부가 잘 싸웠습니다. 그러나 링컨 대통령이 노예제도를 폐지하는 노예 해방 선언문을 공표한 후에, 상황은 북부에 유리하게 바뀌었습니다. 1863년 남부는 빅스버그와 게티즈버그에서 연달아 북부에 패하였습니다. 마침내, 1865년 남부의 리 장군이 항복하면서 전쟁은 끝났습니다.

전쟁의 대가는 막대했지만, 재건작업이 바로 시작되었습니다. 아프리카계 미국인은 시민권을 갖게 되었습니다. 무엇보다 미국은 헌법을 수호하고 하나의 통일된 국가로 남을 수 있었습니다.

| Vocabulary 해석 |

• explode 폭발하다: ⓥ 주로 큰 소리를 내며 밖으로 터져 나오다 • right 권리: ⓝ 사람이 할 수 있는 합법적인 어떤 것 • labor 노동하다: ⓥ 열심히 일하다 • plantation (대규모) 농장: ⓝ 특히 농작물이 재배되는 세계의 더운 지역의 넓은 땅 • interfere 간섭하다: ⓥ 방해물이나 장애물이 되려고 중간에 끼어들다 • surrender 항복: ⓝ 패배를 인정하는 행위 • immediately 즉시: ⓐⓓ 지체하거나 망설임 없이 • preserve 보존하다: ⓥ 변하지 않은 상태로 유지하거나 남다

| 사진 해석 |

The Battle of Chickamauga by Kurz & Allison 커즈와 앨리슨의 '차카마우가 전투'
reproduction of the Emancipation Proclamation 노예 해방 선언문의 복제본

| Grammar Quiz: 동명사 (동사원형+ing) |

문장 ①과 ②에서 동명사를 찾으세요.
① owning   ② beginning

| 배경지식 확인하기 | p.101

1. 미국에서 많은 주들이 노예제도를 허가한 법이 있었습니다.
[allowed]
2. 노예제도는 사람들이 노예를 소유하는 관행입니다. [owning]
3. 미국 북부 지역에는 노예제도를 반대하는 법을 원하는 많은 사람들이 있었습니다. [against]

| 문제 정답 및 해석 | p.104

Comprehension Checkup

Ⓐ 가장 알맞은 답을 고르세요.

1. 본문은 주로 무엇에 관한 글인가요? [c]
   a. 아프리카계 미국인은 어떻게 자유로워졌나
   b. 나라를 하나로 만들기 위한 미국인들의 노력
   c. 남북전쟁의 배경과 그 영향
   d. 미국의 헌법 제정 과정

2. 남부는 어떤 유리한 점을 가졌나요? [c]
 a. 목화농장 **b.** 더 많은 인구
 c. 잘 훈련된 병사와 장교 **d.** 무기와 군복을 만드는 공장

3. 무엇이 전세를 북부에 유리하도록 바꾸었나요? [b]
 a. 남부 리 장군의 항복
 b. 링컨의 노예 해방 선언문 발표
 c. 연방 정부의 주 법규에 대한 간섭
 d. 빅스버그와 게티즈버그 전쟁에서 남부의 패배

4. 남북전쟁의 영향에 관한 어떤 진술이 사실이 아닌가요? [b]
 a. 아프리카계 미국인은 시민권을 획득했습니다.
 b. 남부는 노예를 계속해서 소유할 수 있었습니다.
 c. 미국인들은 헌법을 수호했습니다.
 d. 미국인들은 즉각 재건을 시작했습니다.

문장 삽입 유형

5. 다음의 문장이 들어갈 위치는 어디인가요? [b]

> 남부의 힘은 군대였습니다

쓰기 유형

B 알맞은 단어를 써 넣어 문장을 완성하세요.

6. 남북전쟁 후에 미국인들은 헌법을 수호할 수 있었고 하나의 통일된 국가로 남을 수 있었습니다.

[stay as one united country]

Vocabulary & Grammar

A 알맞은 단어를 골라 빈칸을 채우세요.

1. 그들은 정부가 그들의 운동에 간섭하는 것을 절대 허용하지 않습니다. [interfere]
2. 당신이 그 버튼을 누르면, 그 폭탄은 몇 초 이내에 폭발할 것입니다. [explode]
3. 마침내, 미국인들은 헌법을 수호하고 국가를 통합할 수 있었습니다. [preserve]
4. 많은 노예들은 목화농장에서 일했습니다. [plantations]
5. 전쟁은 1865년에 남부 리 장군의 항복으로 끝났습니다. [surrender]

6. 흑인들은 그들의 권리를 얻기 위해 노력했습니다. [rights]

B 알맞은 단어를 골라 문장을 완성하세요.

> 전쟁 초반에는 남부가 잘 싸웠습니다. / 동명사 (동사원형+ing)

▶ **Grammar 요목 부가 설명** p.76

1. 그들은 노예를 계속해서 소유하기를 원했습니다. [owning]
2. 남부 병사들은 말 타는 것에 능숙했습니다. [riding]
3. 남부 병사들은 총 사용하는 것에 능숙했습니다. [using]
4. 전쟁 초반에는 남부가 잘 싸웠습니다. [beginning]
5. 링컨의 노예 해방 선언문 공표는 전세를 북부에 유리하도록 바꾸었습니다. [issuing]

Organization & Summary

A 빈칸을 채워 표를 완성하세요.

열거하기 〈남북전쟁의 배경과 영향〉

전쟁 전: 남부의 11개의 주는 미합중국에서 탈퇴하기를 원했습니다. 연방 정부가 그들의 주 법규에 간섭하는 것을 원치 않았음
1. leave 2. federal

1861년: 남부와 북부의 갈등이 폭발했습니다. 3. conflict

1863년: 남부는 빅스버그와 게티즈버그 전쟁에서 패배했습니다.
4. lost

1865년: 전쟁은 남부 리 장군의 항복으로 끝났습니다.
5. surrender

전쟁 후: 아프리카계 미국인은 시민권을 획득했습니다.
헌법을 수호함, 하나의 통일된 국가로 남음 6. united

B 빈칸을 채워 요약문을 완성하세요.

남부의 11개 주는 연방 정부가 그들의 주 법규에 간섭하는 것을 원치 않았기에 미합중국에서 탈퇴하기를 원했습니다. 1861년에 미국의 남과 북 사이에 갈등이 폭발했습니다. 남부는 1863년 빅스버그와 게티즈버그 전투에서 북부에 패했습니다. 결국, 1865년에 전쟁은 남부의 리 장군의 항복으로 끝났습니다. 전쟁이 후에 아프리카계 미국인은 시민권을 갖게 되었습니다. 그리고 미국은 헌법을 수호하고 하나의 통일된 국가로 남을 수 있었습니다.

❶ local ❷ exploded ❸ Battles
❹ ended ❺ citizenship ❻ preserve

UNIT 15 Recycling: A way to Save

| 본문 해석 | **재활용: 절약하는 방법**   p.108

사람들이 살아가는 데는 천연자원이 필요합니다. 그러나 우리의 천연자원들이 빠르게 사라지고 있습니다. 우리가 계속해서 빠르게 석유를 사용한다면 가까운 미래에 모든 사람들에게 충분한 석유가 없을 것이라고 일부 과학자들은 말합니다.

천연자원을 사용하는 현명한 방법은 무엇일까요? 재활용이 답이 될 수 있습니다. 재활용이란 자재를 새로운 제품으로 변화시켜 다시 사용한다는 의미입니다. 이는 쓰레기 매립지로 가는 쓰레기의 양을 줄이는 방법이기도 합니다. 재활용은 에너지를 절약합니다. 자재를 재활용하는 것은 새로운 제품을 만들어 내는 것보다 에너지를 덜 씁니다. 에너지를 절약한다는 것은 공기 오염, 산성비, 온실가스를 덜 유발한다는 의미입니다.

최근에는 세계의 많은 지역 사회들이 재활용을 하기 위해 노력합니다. 재활용은 하기 쉽습니다. 먼저 재활용할 수 있는 자재들을 찾아내세요. 종이, 유리, 플라스틱이 가장 흔한 것들입니다. 그리고 나서 서로 다른 자재들을 분리함에 놓아두세요. 그것들을 수거를 위해 내다 놓거나 재활용 센터에 가져가세요. 재활용된 제품을 사거나 재활용 가능한 제품을 사는 것 또한 중요합니다. 재활용된 제품을 사는 것으로 우리는 에너지와 천연자원을 동시에 절약하는 데 일조할 수 있습니다.

아무도 더러운 공기, 오염된 물, 메마르고 척박한 토양이 있는 세상을 원하지 않습니다. 우리는 변화를 만들 수 있습니다. 행동하기에 절대 늦지 않았습니다. 지금 바로 시작하세요!

| **Vocabulary 해석** |

• **disappear** 사라지다: ⓥ 존재하기를 그만두다   • **reduce** 줄이다: ⓥ 줄이다   • **garbage** 쓰레기: ⓝ 더는 유용하거나 필요하지 않거나 버려진 것   • **landfill** 매립지: ⓝ 쓰레기가 땅 아래로 묻히는 지역   • **pollution** 오염: ⓝ 해로운 물질들로 인해 더럽혀져 있는 상태   • **separate** 분리된: ⓐ 따로 떨어진   • **collection** 수거: ⓝ 다른 장소들에서 물건들을 구하거나 함께 가져오는 행동 혹은 그 과정   • **barren** 척박한: ⓐ 품질이 낮은 작물을 생산하는

| **사진 해석** |

logging 벌목   Resource Recovery 자원 회수

| **Grammar Quiz: 가주어 it** |

문장 ①과 ②에서 It이 가리키는 것을 찾으세요.
① to recycle materials than to produce new items   ② to take action

---

| 배경지식 확인하기 | p.107

1. 오염은 토양, 물, 공기에 손상이나 문제를 유발하는 것입니다.
[problems]

2. 오염은 쓰레기나 화학물질이 토양, 물, 공기에 침투할 때 발생합니다.
[chemicals]

3. 사람들이나 다른 생물들이 깨끗한 물, 공기, 토양을 갖지 못하면, 아플 수도 있습니다.
[sick]

| 문제 정답 및 해석 | p.110

Comprehension Checkup

A 가장 알맞은 답을 고르세요.

1. 본문은 주로 무엇에 관한 글인가요?   [d]
  a. 다양한 종류의 천연자원
  b. 재활용을 하기 위해 노력하는 많은 지역 사회들
  c. 빠르게 사라지고 있는 천연자원
  d. 재활용을 통해 에너지와 자원을 절약하기

2. 재활용에 대한 가장 좋은 정의는 무엇인가요?   [d]
  a. 재활용은 오염의 다양한 원인을 찾는 것입니다.
  b. 재활용은 쓰레기를 분리함에 놓아두는 것입니다.
  c. 재활용은 천연자원으로 새로운 제품을 생산하는 것입니다.
  d. 재활용은 자재를 새로운 제품으로 바꾸면서 재사용하는 것입니다.

3. 재활용의 이로운 점은 무엇인가요? (정답 두 개를 고르세요.)

   a. 재활용은 에너지를 절약합니다.   **[a, d]**

   b. 재활용은 천연자원이 빠르게 사라지게 합니다.

   c. 재활용은 지역 사회들이 더 많은 천연자원을 판매하는 데 일조합니다.

   d. 재활용은 매립지로 가는 쓰레기의 양을 줄입니다.

4. 재활용 하는 방법이 아닌 것은 무엇인가요?   **[b]**

   a. 재활용된 제품을 구입합니다.

   b. 다양한 자재들은 매립지로 가져갑니다.

   c. 어떤 자재들이 재활용할 수 있는지 찾아봅니다.

   d. 서로 다른 자재들을 분리함에 놓아둡니다.

의도 파악 유형

5. 첫 번째 단락에서 글쓴이가 석유에 관한 과학자의 언급을 말한 이유는 무엇인가요?   **[d]**

   a. 높은 석유 가격에 대한 이유를 말하기 위해서

   b. 많은 나라들이 에너지를 절약하기 위해 노력하는 이유를 말하기 위해서

   c. 인간이 오염의 주 원인이라는 생각에 동의하기 위해서

   d. 천연자원이 사라지고 있는 것이 심각한 문제임을 강조하기 위해서

쓰기 유형

B 알맞은 단어를 써 넣어 문장을 완성하세요.

6. 재활용을 함으로써, 우리는 에너지와 천연자원을 동시에 절약하는 데 일조할 수 있습니다. 지금 바로 시작하세요!

         [save energy and natural resources]

Vocabulary & Grammar

A 알맞은 단어를 골라 빈칸을 채우세요.

1. 인구 밀집 지역에서 소음 공해는 큰 걱정거리입니다.

                              [pollution]

2. 우리의 천연자원은 빠르게 사라지고 있습니다.

                       [disappearing]

3. 재활용은 쓰레기를 줄이는 가장 좋은 방법들 중 하나입니다.

                             [reduce]

4. 서로 다른 자재들을 수거를 위해 내다 놓으세요. **[collection]**

5. 재활용은 매립지로 가는 쓰레기의 양을 줄입니다. **[landfills]**

6. 수백만 톤의 쓰레기가 매년 바다에 버려지고 있습니다.

                              [garbage]

B 굵게 표시된 It이 나타내는 부분에 밑줄을 그으세요.

> 행동하기에 절대 늦지 않았습니다. / 가주어 it

▶ **Grammar 요목 부가 설명** p.76

1. 자재를 재활용하는 것은 새로운 제품을 만들어 내는 것보다 에너지를 덜 씁니다.

   [to recycle materials than to produce new items]

2. 미래 세대를 위해 공기 오염, 산성비, 온실가스를 덜 유발하는 것은 중요합니다.   **[to cause less air pollution and acid rain and fewer greenhouse gases]**

3. 재활용된 제품을 사는 것 또한 중요합니다.

                    [to buy recycled products]

4. 재활용 가능한 제품을 사는 것 또한 중요합니다.

           [to buy products that can be recycled]

5. 행동하기에 절대 늦지 않았습니다.   **[to take action]**

Organization & Summary

A 빈칸을 채워 표를 완성하세요.

문제와 해결책

문제

- 우리의 천연자원이 빠르게 사라지고 있습니다. **1. disappearing**
- 우리는 가까운 미래에 충분한 석유가 없을 것입니다. **2. enough**
- 더 많은 공기 오염, 산성비, 온실가스   **3. acid**
- 더러운 공기, 오염된 물, 메마르고 척박한 토양이 있는 세상

                              4. barren

해결책

- 매립지로 가는 쓰레기의 양을 줄이기   **5. reducing**
- 에너지를 절약하기   **6. saving**
- 재활용된 제품을 구입하기 • 재활용할 수 있는 제품을 구입하기

B 빈칸을 채워 요약문을 완성하세요.

천연자원을 현명하게 사용하는 방법은 재활용입니다. 재활용은 쓰레기 매립지로 가는 쓰레기의 양을 줄입니다. 재활용은 또한 에너지를 절약합니다. 이는 공기 오염, 산성비, 온실가스 유발을 덜 한다는 뜻입니다. 재활용할 수 있는 자재들을 찾아내세요. 그런 다음 서로 다른 자재들을 분리함에 놓아두세요. 그것들을 수거를 위해 내다 놓거나 재활용 센터에 가져가세요. 재활용된 제품을 사거나 재활용 가능한 제품을 사세요.

❶ resources   ❷ garbage   ❸ energy

❹ greenhouse   ❺ place   ❻ products

UNIT 16 Who Is Santa Claus?

p.114

| 본문 해석 | 산타클로스는 누구일까요?

산타클로스는 누구일까요? 왜 사람들은 산타클로스가 크리스마스 이브에 아이들의 양말에 선물을 채워 준다고 생각할까요?

산타클로스 이야기는 원래 리키아(소아시아 서남부지방의 고대명)의 성 니콜라스 주교를 바탕으로 한 것입니다. 그는 4세기경 태어났으며 가난한 사람들과 아이들에게 선물을 주는 것으로 유명했습니다.

산타클로스라는 이름은 미국식 이름입니다. 이 이름은 성 니콜라스의 네덜란드식 이름인 'Sinterklaas'에서 유래되었습니다. 17세기에 네덜란드 정착민들이 뉴 암스테르담에 도착했을 때, 그들은 신발을 내놓으면 성 니콜라스가 신발에 선물을 채워주는 풍습을 가지고 왔습니다. 'Sinterklaas'라는 이름이 후에 산타클로스로 변한 것입니다.

19세기 동안, 산타클로스는 아동문학의 풍성한 주제가 되었습니다. '성 니콜라스의 방문' 같은 시를 통해 그의 신화에는 더 자세한 이야기들이 보태졌습니다. 가장 현대적인 산타클로스의 모습인 빨간색 옷에 검은 부츠를 신고 얼굴에 흰 수염을 기른 모습은 1939년 코카콜라 광고에서 만들어졌습니다.

산타클로스는 지역과 언어에 따라 많은 이름이 있습니다. 영국에서는 'Father Christmas'라고 불리고 프랑스에서는 'Père Noël'이라고 불립니다. 중국에서 산타클로스는 'Shengdan Laoren'이라고 알려졌습니다. 당신의 나라에서는 산타클로스가 뭐라고 불리나요?

| Vocabulary 해석 |

• **fill** 채우다: ⓥ 가득 차게 하다 • **originally** 원래: @d 처음에는 • **settler** 정착민: ⓝ 새 식민지에 정착하거나 새 나라로 이주하는 사람 • **subject** 주제: ⓝ 당신이 대화나 토론에서 이야기하거나 고려하는 것 • **literature** 문학: ⓝ 아주 훌륭하다고 여겨지는 (시, 극본, 소설처럼) 쓰여진 작품 • **mythology** 신화: ⓝ 사실은 아니지만 많은 사람들이 믿고 있는 생각 • **gain** 얻다, 오르다: ⓥ (특정 질을) 증가시키다 • **beard** 턱수염: ⓝ 남자 얼굴 아랫부분에서 자라는 털

| Grammar Quiz: 의문사 |

문장 ①과 ②에서 질문어를 찾으세요
① Why   ② What

| 배경지식 확인하기 | p.113

1. 겨울은 일년 중 가장 추운 계절입니다.   [season]
2. 겨울에는 줄어든 일조량과 차가운 기온으로 인해 일부 식물들은 죽습니다.   [reduced]
3. 마지막 잎들은 일부 나무에서 떨어집니다.   [off]

| 문제 정답 및 해석 | p.116

Comprehension Checkup

A 가장 알맞은 답을 고르세요.

1. 본문은 주로 무엇에 관한 글인가요?   [a]
   a. 산타클로스의 기원
   b. 크리스마스 이브에 가장 인기 있는 선물
   c. 산타클로스가 광고에서 어떻게 묘사되는가
   d. 산타클로스가 아동문학에서 어떻게 묘사되는가

2. 성 니콜라스에 관한 어떤 진술이 사실이 아닌가요?   [d]
   a. 그는 4세기경 태어났습니다.
   b. 그는 리키아의 주교였습니다.
   c. 산타클로스 이야기는 그를 바탕으로 한 것입니다.
   d. 그는 가난한 사람들과 어린이들에게 신발을 주는 것으로 알려졌습니다.

3. 산타클로스 이야기에서 아동문학의 역할은 무엇인가요?   [a]
   a. 아동문학은 산타클로스에게 더 자세한 이야기들을 보태었습니다.

b. 아동문학은 산타클로스와 성 니콜라스를 연결시켰습니다.

c. 아동문학은 산타클로스를 오늘날 우리가 알고 있는 것처럼 묘사했습니다.

d. 아동문학은 '산타클로스'라는 이름을 가장 먼저 만들어냈습니다.

4. 가장 현대적인 산타클로스의 모습은 어떻게 만들어졌나요? [d]

a. 영국과 프랑스에서

b. 산타클로스 신화에서

c. 뉴 암스테르담의 정착민들에 의해서

d. 코카콜라 광고에 의해서

추론 유형

5. 본문에서 유추할 수 있는 것은 무엇인가요? [b]

a. 산타클로스는 그의 신발을 두고 갈 것으로 기대됩니다.

b. 산타클로스는 전 세계에서 보편적인 개념입니다.

c. 산타클로스는 종교적인 목적으로 만들어졌다고들 생각합니다.

d. 각기 다른 문화들은 산타클로스를 각기 다른 모습으로 만들었습니다.

쓰기 유형

B 알맞은 단어를 써 넣어 문장을 완성하세요.

6. 산타클로스는 언어와 지역에 따라 많은 다른 이름들이 있습니다.

[many different names]

Vocabulary & Grammar

A 알맞은 단어를 골라 빈칸을 채우세요.

1. '성 니콜라스의 방문' 같은 시를 통해 산타클로스의 신화에는 더 자세한 이야기들이 보태졌습니다. [mythology]

2. 산타클로스는 아동문학의 풍성한 주제가 되었습니다.

[literature]

3. 산타클로스라는 이름은 원래 성 니콜라스에서 유래되었습니다.

[originally]

4. 산타클로스 도서관에는 다양한 주제의 이야기책들이 많습니다.

[subjects]

5. 우리 부모님은 크리스마스 이브 때마다 우리 양말에 선물을 채워주십니다. [fill]

6. 턱수염이 있다고 해서 아무나 산타클로스가 될 수 있는 것은 아닙니다. [beard]

B 알맞은 단어를 골라 문장을 완성하세요.

산타클로스는 누구일까요? / 의문사

▶ **Grammar 요목 부가 설명** p.76

1. 왜 사람들은 그가 크리스마스 이브에 아이들의 양말에 선물을 채워 준다고 생각할까요? [Why]

2. 네덜란드 정착민들은 언제 뉴 암스테르담에 도착했나요?

[When]

3. 1939년 코카콜라 광고에서 산타클로스는 어떻게 만들어졌나요? [How]

4. 영국에서 산타클로스는 뭐라고 불리나요? [What]

5. 당신의 나라에서 산타클로스는 뭐라고 불리나요? [What]

Organization & Summary

A 빈칸을 채워 표를 완성하세요.

열거하기 〈산타클로스의 기원〉

4세기: 주교인 성 니콜라스, 가난한 사람들과 아이들에게 선물을 줌

1. bishop   2. gifts

17세기: 'Sinterklaas'에서 유래된 이름, 네덜란드식 이름, 네덜란드 정착민들이 신발을 내놓으면 성 니콜라스가 선물로 채워주는 풍습을 가지고 왔습니다. 3. settlers

19세기 동안: 동시를 통해 자세한 이야기들이 보태어짐 4. poems

1939년: 빨간색 옷에 검은 부츠를 신고 얼굴에 흰 수염을 기른 가장 현대적인 모습, 코카콜라 광고에서 만들어 짐

5. beard   6. advertisement

B 빈칸을 채워 요약문을 완성하세요.

산타클로스 이야기는 원래 4세기 어린이들에게 선물을 주었던 성 니콜라스 주교에 근거합니다. 산타클로스라는 이름은 네덜란드식 이름인 'Sinterklaas'에서 유래되었습니다. 17세기에 네덜란드 정착민들이 신발을 내놓으면 Sinterklaas가 선물을 채워 준다는 풍습을 가지고 왔습니다. 19세기 동안 산타클로스는 동시를 통해 더 자세한 이야기들이 보태졌습니다. 가장 현대적인 산타클로스의 모습은 1939년 코카콜라 광고에서 만들어진 것입니다.

❶ based   ❷ children   ❸ shoes

❹ gained   ❺ version   ❻ invented

UNIT 17 The Ten Suns

| 본문 해석 | **열 개의 태양**   p.124

먼 옛날, 하늘의 신 Di Jun이 그의 아내와 열 명의 태양들과 함께 살았습니다. 태양들은 절대로 함께 밖으로 나가지 않았습니다. 왜냐하면 그들의 열기가 너무 뜨거워서 견디기 힘들 것이기 때문입니다. 매일 아침 Di Jun의 아내는 한 명의 태양을 데리고 동쪽의 지평선으로 갔습니다. 그런 다음, 그곳에서 그녀의 태양은 하늘을 가로질러 걸어갔습니다. 땅에 사는 사람들은 태양에 매우 감사했고 Di Jun과 그의 아내에게 선물을 바쳤습니다.

어느 아침, 한 태양이 "함께 걷는 사람이 있다면 산책은 재미있을 거야."라고 말했습니다.

열 개의 태양은 모두 함께 나가는 데 동의하여 하늘로 나갔습니다. 태양들은 서로 웃고 이야기하고 있었습니다. 그들은 재미있게 놀고 있었습니다.

새벽이 오자 사람들은 모든 태양들을 보고 충격에 빠졌습니다. 농작물이 시들었고, 강과 호수는 말라갔습니다. 사람들과 동물들도 약해졌습니다. Di Jun은 그의 태양들에게 돌아오라고 불러봤지만, 그들은 듣지 않았습니다. 태양들은 그들이 일으키고 있는 피해가 무엇인지 몰랐습니다. 열 개의 태양은 땅 위에 모든 것을 파괴하고 있었습니다.

Di Jun은 눈물을 흘리며 그의 열 태양 중 아홉을 쏘아버렸습니다. 태양들은 까마귀가 되었습니다. (곧 단 하나의 태양만이 하늘에 남게 되었습니다.)

매일 그 태양은 산책을 합니다. 그리고 매일 아침, 다른 아홉의 아들들은 까마귀로 변한 형제들을 맞이하고 그들의 부모에게서 용서를 기다립니다.

| Vocabulary 해석 |

• **bear** 견디다: ⓥ (누군가나 어떤 것을) 받아들이거나 참아내다 • **horizon** 지평선: ⓝ 하늘과 지구가 만나는 것처럼 보이는 선
• **offer** (신에게) 바치다, 올리다: ⓥ 숭배나 헌신의 행위로 무언가를 선물하다 • **company** 동료: ⓝ 당신이 시간을 함께 보내거나 함께 함으로써 즐거운 누군가 • **agree** 동의하다: ⓥ 같은 의견을 갖다 • **dawn** 새벽: ⓝ 하루의 첫 빛 • **wither** 시들다: ⓥ 신선함, 힘, 활력을 잃다 • **damage** 손상: ⓝ 어떤 것이나 어떤 사람의 몸에 가해진 물리적 피해

| Grammar Quiz: 과거 진행형 |

문장 ①과 ②에서 동사를 찾으세요.
① were having   ② were destroying

| 배경지식 확인하기 | p.123

1. 하늘은 기체 분자로 이루어져 있습니다.   [gas]
2. 태양은 낮 동안 하늘과 지구를 비춥니다.   [lights]
3. 태양의 에너지는 공기와 물을 데웁니다.   [energy]

| 문제 정답 및 해석 | p.126

Comprehension Checkup

Ⓐ 가장 알맞은 답을 고르세요.

1. 본문은 주로 무엇에 관한 글인가요?   [d]
  a. 하늘의 신, Di Jun
  b. 우리가 태양에 감사해야 하는 이유
  c. 땅이 파괴된 이유
  d. 단 하나의 태양이 있게 된 이유에 관한 전설

2. 열 개의 태양은 왜 절대 함께 밖으로 나가지 않았나요?   [a]
  a. 그들의 열기가 너무 뜨거워서 견딜 수 없었기 때문에
  b. Di Jun이 그들이 산책하는 것을 절대 동의하지 않았기 때문에
  c. 그들의 엄마가 그들을 동시에 데리고 나가는 것이 힘들었기 때문에

d. 땅에 사는 사람들이 그들을 환영하지 않았기 때문에

3. 태양들이 함께 나가서 즐겁게 지냈을 때 일어났던 일이 아닌 것은 무엇인가요? [b]
   a. 농작물이 시들었습니다.
   b. 까마귀들이 태양들을 맞이했습니다.
   c. 강과 호수가 말라갔습니다.
   d. 사람들과 동물들은 약해졌습니다.

4. Di Jun은 무엇을 했나요? (정답 두 개를 고르세요.) [b, d]
   a. 그는 그의 아들들을 용서했습니다.
   b. 그는 그의 아홉 개의 태양을 쏘아버렸습니다.
   c. 그는 그의 열 아들 중 하나를 까마귀로 만들었습니다.
   d. 그는 그의 아들들에게 돌아오라고 했지만, 소용이 없었습니다.

문장 삽입 유형

5. 다음의 문장이 들어갈 위치는 어디인가요? [d]

> 곧 단 하나의 태양만이 하늘에 남게 되었습니다.

쓰기 유형

B 알맞은 단어를 써 넣어 문장을 완성하세요.

6. 매일 아침, 그 태양은 산책을 합니다. 그리고 다른 아홉의 아들들은 까마귀로 변한 형제들을 맞이하고 그들의 부모에게서 용서를 기다립니다. [greet their brothers as crows]

Vocabulary & Grammar

A 알맞은 단어를 골라 빈칸을 채우세요.

1. 그는 동쪽의 지평선 위의 태양을 바라보고 있습니다. [horizon]
2. 열 개의 태양 모두 함께 소풍을 가기로 동의했습니다. [agreed]
3. 사람들은 그들의 열기를 견딜 수 없었습니다. [bear]
4. 태양들은 새벽이 올 때까지 서로 웃고 이야기하고 있었습니다. [dawn]
5. 뜨거운 날씨가 우리 농장에 큰 손해를 끼쳤습니다.[damage]
6. 몇 달째 비가 오지 않아서 모든 곡식이 시들었습니다. [withered]

B 알맞은 단어를 골라 문장을 완성하세요.

> 태양들은 서로 웃고 있었습니다. / 과거 진행형

▶ **Grammar 요목 부가 설명** p.76

1. Di Jun의 아내는 한 명의 태양을 데리고 동쪽의 지평선으로 갔습니다. [was taking]
2. 그녀의 태양은 하늘을 가로질러 걸어갔습니다. [was walking]
3. 태양들은 서로 웃고 이야기하고 있었습니다. [were laughing and talking]
4. 그들은 재미있게 놀고 있었습니다. [were having]
5. 태양들은 그들이 일으키고 있는 피해가 무엇인지 몰랐습니다. [were causing]

Organization & Summary

A 빈칸을 채워 표를 완성하세요.

원인과 결과

- 태양들의 열기가 너무 뜨거워서 견디기 힘들 것입니다. → 태양들은 절대 함께 밖으로 나오지 않았습니다. 1. bear
- Di Jun의 아내는 한 명의 태양을 데리고 동쪽의 지평선으로 갔습니다. 그녀의 태양은 하늘을 가로질러 걸어갔습니다. → 땅에 사는 사람들은 태양에게 감사했습니다. 2.across 3. thankful
- 열 개의 태양은 하늘로 나갔습니다. → 땅 위에 모든 것들이 파괴되었습니다. 4. destroyed
- Di Jun은 그의 아들들에게 돌아오라고 불렀지만, 그들은 듣지 않았습니다. → Di Jun은 그의 열 태양 중 아홉을 쏘아버렸습니다. 5. listen 6. shot

B 빈칸을 채워 요약문을 완성하세요.

Di Jun이 그의 아내와 열 명의 태양들과 함께 살았습니다. 태양의 열기는 너무 뜨거워 견디기 힘들 것이기에 태양들은 절대 함께 밖에 나가지 않았습니다. 매일 아침 Di Jun의 아내는 한 명의 태양을 데리고 동쪽의 지평선으로 갔습니다. 그런 다음, 그녀의 태양은 하늘을 가로질러 걸어갔습니다. 어느 날, 태양 열 개 모두 함께 하늘로 나갔습니다. 곧 농작물이 시들었고, 강과 호수는 말라버렸습니다. Di Jun은 그의 태양들에게 돌아오라고 불러봤지만, 그들은 듣지 않았습니다. Di Jun은 눈물을 흘리며 열 개의 태양 중 아홉을 쏘아버렸습니다.

❶ heat   ❷ horizon   ❸ withered
❹ dried   ❺ called   ❻ tears

UNIT 18 Tikki Tikki Tembo

| 본문 해석 | 티키 티키 템보   p.130

한 중국인 집안에 티키 티키 템보 노사 렘보 차리 바리 루치 핍 페리 펨보는 한 중국인 집안의 큰아들이었습니다. 그는 큰아들이었기 때문에 그의 이름은 반드시 완전하고 경건하게 불려야 했습니다.

어느 봄날, 티키 티키 템보와 동생은 바깥으로 놀러 나갔고, 어머니는 그들에게 아주 조심하라고 말했습니다. 티키 티키 템보가 우물에 빠지기 전까지는 모든 것이 순조로웠습니다.

티키 티키 템보는 우물 바깥으로 올라오기 위해 동생에게 사다리를 가져오라고 소리쳤습니다. 동생은 어머니에게 부리나케 달려가서 무슨 일이 일어났는지를 말하려고 했습니다. 그러나 그의 형 이름이 너무 길어서 어머니가 무슨 일이 일어났는지 이해하는 데 시간이 꽤 걸렸습니다.

"티키 티키 템보 노사 렘보 차리 바리 루치 핍 페리 펨보가 우물에 빠졌어요. 티키 티키 템보 노사 렘보 차리 바리 루치 핍 페리 펨보를 도와 우물 밖으로 빠져나오게 하려면 사다리가 필요해요." 어린 동생이 말을 겨우 마쳤습니다.

그의 어머니는 너무 놀란 나머지 하인에게 사다리를 가져오라고 말하는 데 더 긴 시간이 걸렸습니다.

"티키 티키 템보 노사 렘보 차리 바리 루치 핍 페리 펨보를 위해 사다리를 찾아오너라." 어머니가 울부짖었습니다.

그리하여 티키 티키 템보가 구출되었을 때, 그는 너무 오래 우물에 빠져있었기에 시련에서 회복되는 데 긴 시간이 걸렸습니다.

다행히 이 이야기는 중국인들에게 이름을 짓는 관습에 교훈을 주었습니다.

| Vocabulary 해석 |

• fetch 가지고 오다: Ⓥ 쫓아가서 가져오거나 되가져 오다 • dash 황급히 달려가다: Ⓥ 매우 빠르게 혹은 서둘러 뛰거나 움직이다
• comprehend 이해하다: Ⓥ 어떤 것의 의미를 알아내다 • servant 하인: Ⓝ 다른 사람이나 가족을 위해서 일하는 사람 • rescue 구조하다: Ⓥ (어떤 사람이나 무언가를) 위험이나 해로움에서 구하다 • recover 회복하다: Ⓥ 건강, 마음, 힘의 보통의 상태로 돌아가다
• ordeal 시련: Ⓝ 매우 불쾌하거나 어려운 경험 • convention 관습: Ⓝ 많은 사람들에 의해 받아들여지고 행해지는 풍습

| Grammar Quiz: 부사 |

문장 ①과 ②에서 어떤 것의 행동이나 상태를 설명하는 단어를 찾으세요.
① completely, reverently   ② barely

| 배경지식 확인하기 | p.129

1. 가족 내에서 우리는 집안일을 나누고 서로를 보살핍니다.
[housework]

2. 핵가족은 아빠, 엄마, 하나 혹은 그 이상의 자녀들로 구성됩니다.
[consists of]

3. 대가족은 부모와 자녀 그 이상을 포함합니다.   [parents]

| 문제 정답 및 해석 | p.132

Comprehension Checkup

A 가장 알맞은 답을 고르세요.

1. 본문은 주로 무엇에 관한 글인가요?   [c]
   a. 어머니의 조언에 따르는 것
   b. 중국인들의 이름 짓는 관습
   c. 좋지 않은 이름 짓기에서 배우는 교훈
   d. 못된 형제로 인한 시련

2. 두 형제에게 어떤 사고가 일어났나요?   [a]
   a. 티키 티키 템보가 우물에 빠졌습니다.
   b. 두 형제는 어머니의 말씀을 듣지 않고 밖으로 나갔습니다.
   c. 동생은 티키 티키 템보의 이름 전체를 부르지 않았습니다.
   d. 티키 티키 템보는 그의 동생을 우물에 빠뜨렸습니다.

3. 티키 티키 템보를 구출하는 데 시간이 오래 걸리게 한 것은 무엇이었나요?   **[b]**

  a. 사다리   **b.** 그의 긴 이름

  c. 하인   **d.** 그의 어머니의 조언

4. 티키 티키 템보는 구출된 후 어땠나요?   **[d]**

  a. 그는 죽을 때까지 충격으로 고통 받았습니다.

  b. 다행히 그는 짧은 시간 안에 회복했습니다.

  c. 그는 더 이상 밖으로 놀러 나가기를 원치 않았습니다.

  d. 그는 충격에서 회복하는 데에 아주 긴 시간이 필요했습니다.

추론 유형

5. 본문에서 유추할 수 있는 것은 무엇인가요?   **[d]**

  a. 중국인들에게 긴 이름은 큰 행운을 의미합니다.

  b. 예전 중국에는 모든 집에 우물이 하나씩 있었습니다.

  c. 중국에서는 부유한 가족들의 아들만이 긴 이름을 가질 수 있었습니다.

  d. 중국 문화에서 큰아들은 중요하고 귀중하게 여겨집니다.

쓰기 유형

B 알맞은 단어를 써 넣어 문장을 완성하세요.

6. 티키 티키 템보는 그의 긴 이름이 동생과 어머니가 사고를 처리하는 데 긴 시간이 걸리도록 했기 때문에 우물에 오래 있어야 했습니다.   **[his long name, quite long time]**

Vocabulary & Grammar

A 알맞은 단어를 골라 빈칸을 채우세요.

1. 그는 밤하늘의 별들을 보러 동산으로 황급히 올라갔습니다.
                                           [dashed]

2. 우리는 이렇게 해로운 관습은 깨뜨리는 편이 나을 것입니다.
                                [convention]

3. 매일 그녀는 하인들에게 그녀의 아이들을 위한 식사를 준비하라고 요청했습니다.   **[servant]**

4. 그녀가 질병에서 회복되기 위해서는 시간이 필요할 것입니다.
                                  [recover]

5. 저는 그 질문을 이해하기가 너무 어렵습니다. **[comprehend]**

6. 그가 시련에서 회복하는 데에는 아주 긴 시간이 걸렸습니다.
                                      [ordeal]

B 부사가 들어갈 알맞은 위치를 고르세요.

> 그는 큰아들이었기 때문에 그의 이름은 반드시 완전하고 경건하게 불려야 했습니다. / 부사

▶ **Grammar 요목 부가 설명** p. 76

1. 그의 형의 이름은 너무 길었습니다.   **[③]**

2. 그의 어머니가 무슨 일이 일어났는지 이해하는 데 시간이 꽤 걸렸습니다.   **[①]**

3. 동생이 형의 이름을 말하는 것을 겨우 마칠 수 있었습니다. **[①]**

4. 다행히 이 이야기는 중국인들에게 이름을 짓는 관습에 교훈을 주었습니다.   **[①]**

5. 그는 큰아들이었기 때문에 그의 이름은 반드시 완전하게 불려야 했습니다.   **[③]**

Organization & Summary

A 빈칸을 채워 표를 완성하세요.

원인과 결과

- 티키 티키 템보는 큰아들이었습니다. → 그의 이름은 완전하고 경건하게 불려야 했습니다.   **1. completely**

- 티키 티키 템보는 우물에 빠졌습니다. → 그는 동생에게 사다리를 가져오라고 소리쳤습니다.   **2. well 3. fetch**

- 티키 티키 템보의 이름은 너무 길었습니다. → 그의 어머니가 무슨 일이 일어났는지 이해하는 데 긴 시간이 걸렸습니다.
                              4. long 5. comprehend

- 티키 티키 템보는 우물에 아주 오래 있었습니다. → 그가 시련에서 회복하는 데 아주 많은 시간이 걸렸습니다.   **6. recover**

B 빈칸을 채워 요약문을 완성하세요.

티키 티키 템보는 한 중국인 집안의 큰아들이었기 때문에 그의 이름은 반드시 완전하고 경건하게 불려야 했습니다. 어느 날, 그가 우물에 빠졌습니다. 그의 동생이 사다리를 가지러 왔습니다. 그러나 형의 이름이 너무 길었기 때문에 그의 엄마가 무슨 일이 일어났는지 이해하는 데 긴 시간이 걸렸습니다. 그의 엄마가 하인에게 사다리를 가져오라고 말하는 데는 더 긴 시간이 걸렸습니다. 티키 티키 템보는 너무 오랜 시간 우물에 있었기 때문에 시련에서 회복되는 데 많은 시간이 걸렸습니다.

❶ first   **❷** spoken   **❸** fell

❹ ladder   **❺** servant   **❻** ordeal

| 본문 해석 | **어림 전략 사용하기**

p. 136

당신은 플로리다 에버글레이즈로 날아든 만 이천 마리의 홍학에 관한 기사를 읽어 보았을 겁니다. 혹은 당신은 수백만 마리의 산네발 나비가 에든버러 북쪽으로 이동했다는 뉴스를 들었을 겁니다. 이런 경우, 기자나 과학자가 어떻게 홍학이나 나비의 숫자를 알아낼 수 있을까요? 대규모의 새나 나비의 숫자를 센다는 것은 거의 불가능합니다. 과학자나 기자는 어림 전략을 사용해서 이 큰 수를 알아낼 수 있습니다. 어림이란 양이나 가치의 근사치인 계산을 말합니다. 이는 합리적 추측이나 추정을 하는 데 단서를 사용하는 것과 관련이 있습니다.

예를 들어, 당신이 큰 병에 있는 구슬을 센다고 가정해 봅시다. 더 큰 숫자나 양을 세기 위해서는 어떤 것의 더 적은 숫자나 양을 기준으로 사용할 수 있습니다. 이 경우에는 먼저 병에서 구슬 다섯 개를 빼냅니다. 그 다음, 병을 비울 때까지 몇 번이나 다섯 개의 구슬을 쥐어야 하는지 추측합니다. 그러면 당신은 구슬을 한 개씩 세지 않고도 구슬의 수를 추정할 수 있습니다.

과학자나 기자가 일정 지역에 대규모로 있는 많은 새의 수를 알아내는 것도 같은 방법입니다. 그들은 좁은 지역에 있는 새들의 기준 수를 정합니다. 그리고 나서 전체 지역에 있는 모든 새들의 대략적인 수를 계산합니다.

| Vocabulary 해석 |

• flamingo 홍학: ⓝ 분홍색이나 붉은색의 날개와 매우 긴 목과 다리를 가진 큰 열대 새 • case 경우: ⓝ 상황, 환경 • approximate 근사치인: ⓐ 거의 맞거나 정확한 • quantity 양: ⓝ 어떤 것의 양이나 수 • involve 관련시키다: ⓥ 어떤 것의 일부분으로 포함하다 • sensible 합리적인: ⓐ 훌륭한 감각이나 이유를 갖고 있거나 관련된 • benchmark 기준(점): ⓝ 어떤 것이 측정될 수 있는 표준 • determine 알아내다: ⓥ 결론에 도달하다

| Grammar Quiz: 조동사: may, can |

문장 ①과 ②에서 아래에 제시된 의미와 같은 단어를 찾으세요.

① 있음직한 = may   ② 할 수 있는 = can

| 배경지식 확인하기 | p. 135

1. 과일 가판대에 오렌지 몇 개가 남았는지 세어 보세요. [Count]
2. 우선 그것들을 열개씩 묶음으로 만드세요. [put]
3. 그리고 나서, 몇 묶음이 있는지 세어 보세요. [how many]

| 문제 정답 및 해석 | p. 138

Comprehension Checkup

🅐 **가장 알맞은 답을 고르세요.**

1. 본문은 주로 무엇에 관한 글인가요? [a]
   a. 어림 전략이 무엇인가
   b. 한 지역의 많은 인구(동물들)를 세는 방법
   c. 생명체를 세는 것의 어려움
   d. 동물과 곤충에 관한 놀라운 소식들

2. 많은 수나 양을 어림 계산하기 위해서는 무엇이 필요한가요?
   a. 병을 가득 채우는 구슬 [c]
   b. 인구에 대한 보고
   c. 기준이 되는 수
   d. 신문의 기사

3. 어림 전략에 관한 사실이 아닌 설명은 무엇인가요? [d]
   a. 그것은 합리적인 추측을 하기 위해 단서를 사용하는 것과 관련이 있습니다.
   b. 그것은 양이나 가치의 근사치인 계산입니다.
   c. 우리는 어떤 것의 더 적은 수를 기준으로 사용할 수 있습니다.
   d. 그것은 어떤 것의 양이 아닌 수를 파악할 때 사용될 수 있습니다.

4. 어림 전략을 사용하지 않고 알 수 있는 수는 무엇인가요? [b]

a. 큰 병의 구슬의 수
b. 한 교실 안의 학생들의 수
c. 넓은 광장에 있는 붐비는 사람들의 수
d. 한 지역에 있는 많은 새들의 수

의도 파악 유형

5. 저자가 홍학과 산네발 나비를 언급한 이유는 무엇인가요? [b]
   a. 전 세계의 흥미로운 생명체들을 소개하기 위해
   b. 독자들이 어림 전략에 대해 흥미를 갖게 하기 위해
   c. 과학자들은 정확한 수치만 사용해야 한다는 생각을 지지하기 위해
   d. 기자들이 어림 전략을 배워야 하는 이유를 말하기 위해

쓰기 유형

B 알맞은 단어를 써 넣어 문장을 완성하세요.

6. 당신은 어림 전략을 사용하여 대규모로 있는 어떤 것의 수를 셀 수 있습니다.

[a large population, estimation strategies]

Vocabulary & Grammar

A 알맞은 단어를 골라 빈칸을 채우세요.

1. 이 경우에 우리는 어림 전략을 사용하여 숫자들을 알아낼 수 있습니다.   [case]
2. 어림이란 합리적 추측이나 추정을 하는 데 단서를 사용하는 것과 관련이 있습니다.   [involves]
3. 그 국립공원에는 홍학들이 몇 마리 있나요?   [flamingos]
4. 우선, 우리는 작은 지역에 있는 새들의 수로 기준을 정할 수 있습니다.   [benchmark]
5. 어림은 양이나 가치의 근사치인 계산입니다.   [quantity]
6. 그들은 그 지역에 있는 개미의 근사치인 수를 알아냈습니다.

[approximate]

B 알맞은 단어를 골라 문장을 완성하세요.

당신은 구슬을 한 개씩 세지 않고도 구슬의 수를 추정할 수 있습니다. / 조동사: may, can

▶ **Grammar** 요목 부가 설명 p.76

1. 당신은 플로리다 에버글레이즈로 날아든 만 이천 마리의 홍학에 관한 기사를 읽어 보았을 겁니다.   [may]
2. 당신은 수백만 마리의 산네발 나비가 에든버러 북쪽으로 이동했다는 뉴스를 들었을 겁니다.   [may hear]
3. 기자나 과학자가 어떻게 그것들의 숫자를 알아낼 수 있을까요?

[can]
4. 당신은 어떤 것의 더 적은 수나 양을 기준으로 사용할 수 있습니다.   [can use]
5. 당신은 구슬을 한 개씩 세지 않고도 구슬의 수를 추정할 수 있습니다.   [can estimate]

Organization & Summary

A 빈칸을 채워 표를 완성하세요.

문제와 해결책

• 과학자들은 한 지역의 많은 새들의 수를 어떻게 알아낼까요? →
  어림 전략을 사용, 작은 지역의 새의 수를 기준으로 선택 → 전체
  지역의 새의 대략적인 수를 알아 냄

  1. determine   2. approximate   3. entire
• 우리는 큰 병에 있는 구슬의 수를 어떻게 셀 수 있나요? → 병에
  서 구슬 다섯 개를 꺼냄 → 병을 비우기 위해서 몇 번이나 다섯
  개의 구슬을 쥐어야 하는지 추측함

  4. take out   5. grab   6. empty

B 빈칸을 채워 요약문을 완성하세요.

과학자는 어림 전략을 사용해서 한 지역의 많은 새들의 숫자를 알
아냅니다. 어림 전략이란 양이나 가치의 근사치인 계산을 말합니
다. 병에 든 구슬들을 세어 보겠습니다. 우선, 병에서 구슬 다섯 개
를 꺼냅니다. 그런 다음 그 병을 비우기 위해 몇 번이나 다섯 개의
구슬을 쥐어야 하는지 추측해 보세요. 그러면 구슬의 수를 알아낼
수 있습니다. 이러한 방법으로 과학자는 좁은 지역에 있는 새들의
기준 수를 정하고 전체 지역에 있는 모든 새들의 근사치의 수를 알
아냅니다.

❶ estimation   ❷ quantity   ❸ guess
❹ figure out   ❺ benchmark   ❻ small

| 본문 해석 | **다섯 씩 이동하기** p.142

알래스카에 사는 동물들은 북극광을 보러 가고 싶었습니다.

"자리가 겨우 서른 개 남았는데." 대장 북극곰이 말했습니다.

"그렇다면 반은 펭귄들을 위한 거고, 나머지 반은 북극곰을 위한 거야." 대장 펭귄이 합당하게 말했습니다.

북극곰과 펭귄들은 (북극광을) 더 가까이서 보기 위해 떠다니는 얼음 덩어리에 올라야 했습니다. 그러나 어떻게 30까지 셀 수 있을까요? (모든 동물들은 어리둥절해 하며 서로를 쳐다보았습니다.)

"좋아, 북극곰은 모두 얼음 덩어리에 오르세요." 대장 북극곰이 지시했습니다.

북극곰들은 얼음판에 발을 딛었습니다. 몇몇은 물에 빠졌고 어찌해야 할지 몰랐습니다. 얼음 하나에 얼마나 많은 북극곰이나 펭귄이 타야 알맞은 건지 아무도 몰랐습니다. 그리고 슬프게도 아무도 30까지 어떻게 세는지 몰랐습니다.

그러자 한 어린 북극곰이 대장에게 다가가서 말했습니다. "얼음 한 덩이에 5마리가 오르면, 세기가 더 쉬울 거예요."

"다섯이라니!" 한 성난 펭귄이 소리쳤습니다.

"다섯 마리가 얼음 한 덩이에 오르면, 여섯 개의 얼음이 30과 같아질 거예요." 어린 북극곰이 대답했습니다.

동물들이 얼음 덩어리 여섯 개를 모았습니다. 그들이 여섯 개의 얼음 덩어리를 나누는 방법을 보는 것은 쉬웠습니다. 북극곰과 펭귄의 수를 같게 만들기 위해 세 덩어리는 북극곰들이, 세 덩어리는 펭귄들이 갖게 되었습니다.

"하나, 둘, 셋, 넷, 다섯." 동물들은 한 목소리로 연호했습니다. 여섯 개의 얼음 덩어리는—한 덩어리에 다섯 마리씩—총 30마리의 동물을 태우고 북극광을 보러 떠났습니다.

| Vocabulary 해석 |

• **reasonable** 합당한: ⓐ 공평하고 합리적인 • **instruct** 지시하다: ⓥ (누군가에) 지시를 하거나 명령을 하다 • **fit** 적당하다: ⓥ 적합하다 • **approach** 다가가다: ⓥ 누군가에게 접근하다 • **yell** 소리 지르다: ⓥ 갑작스럽고 큰 소리를 내다 • **respond** 대답하다: ⓥ 반응으로 무언가를 말하다 • **gather** 모으다: ⓥ 집단을 만들기 위해 한데 모으다 • **chant** 연호하다: ⓥ (단어나 문장을) 주로 다른 사람들과 함께 리듬에 맞춰 여러 번 말하다

| Grammar Quiz: 의문사+to부정사 |

문장 ①과 ②에서 목적어를 찾으세요.

① what to do ② how to count to thirty

| 배경지식 확인하기 | p.141

1. 만약 6개의 사과가 있는데 1개를 더 얻으면, 사과는 7개가 됩니다. [more]

2. 만약 5자루의 연필이 있는데 1개를 주면, 연필은 4개가 남게 됩니다. [left]

3. 첫번째, 두번째, 세번째를 제외하고 서수는 th로 끝납니다. [end]

| 문제 정답 및 해석 | p.144

Comprehension Checkup

Ⓐ **가장 알맞은 답을 고르세요.**

1. 본문은 주로 무엇에 관한 글인가요? [b]

   a. 동물들이 가고자 했던 곳

   b. 동물들이 숫자 30까지 세었던 방법

   c. 동물들이 얼음 위에 떠 있도록 만든 것

   d. 동물들이 북극광을 보고자 했던 이유

2. 북극곰들과 펭귄들이 떠다니는 얼음 덩어리에 타야만 했던 이유는 무엇인가요? [d]
  a. 물속으로 뛰어들기 위해서
  b. 다른 동물들을 만나기 위해서
  c. 북극으로 여행가기 위해서
  d. 북극광을 가까이에서 보기 위해서

3. 누가 30을 세는 것에 대한 아이디어를 생각해 냈나요? [c]
  a. 성난 펭귄   **b.** 대장 펭귄
  c. 어린 북극곰   **d.** 대장 북극곰

4. 동물들이 30까지 세기 위해 생각해 낸 방법은 무엇이었나요? [d]
  a. 열 마리의 동물들이 세 개의 얼음 덩어리에 올라탔습니다.
  b. 모든 동물들이 하나의 얼음 덩어리에 모여서 올라탔습니다.
  c. 세 마리의 곰과 세 마리의 펭귄이 다섯 개의 얼음 덩어리에 올라탔습니다.
  d. 동물들이 여섯 개의 얼음 덩어리를 모아서 다섯 마리씩 각각의 얼음 덩어리에 올라탔습니다.

삽입 유형

5. 다음의 문장이 들어갈 위치는 어디인가요? [a]

  모든 동물들은 어리둥절해 하며 서로를 쳐다보았습니다.

쓰기 유형

B 알맞은 단어를 써 넣어 문장을 완성하세요.

6. 여섯 개의 얼음 덩어리는 – 한 덩어리에 다섯 마리씩 – 총 30마리의 동물을 태우고 북극광을 보러 떠났습니다.
  [sailed to see the light show]

Vocabulary & Grammar

A 알맞은 단어를 골라 빈칸을 채우세요.

1. 얼음 하나에 얼마나 많은 북극곰이나 펭귄이 타야 알맞은 건지 아무도 몰랐습니다. [fit]
2. 성난 펭귄이 "다섯이라니"라고 소리쳤습니다. [yelled]
3. 저는 우리가 합당한 해결책을 생각해 낼 수 있기를 희망합니다. [reasonable]
4. 그들은 점점 더 크게 연호하기 시작했습니다. [chant]
5. 동물들은 여섯 개의 얼음 덩어리를 모았습니다. [gathered]

6. 한 어린 북극곰이 얼음 한 덩어리 위에 오르는 방법을 지시했습니다. [instructed]

B 알맞은 단어를 골라 문장을 완성하세요.

  아무도 30까지 어떻게 세는지 몰랐습니다. / 의문사+to부정사

▶ **Grammar** 요목 부가 설명 p.76

1. 몇몇은 물에 빠졌고 어찌해야 할지 몰랐습니다. [what to do]
2. 아무도 30까지 어떻게 세는지 몰랐습니다. [how to count]
3. 여섯 개의 얼음 덩어리를 어떻게 나눠야 하는지를 생각해 내는 것은 쉬웠습니다. [how to share]
4. 대장 북극곰은 언제 시작할지를 지시했습니다. [when to start]
5. 모든 동물들은 어디로 갈지를 정확히 알았습니다. [where to go]

Organization & Summary

A 빈칸을 채워 표를 완성하세요.

구성 〈다섯 씩 이동하기〉

도입: 북극곰들과 펭귄들은 북극광을 보러 가고 싶었습니다. 1. see
문제: 자리가 겨우 30개 남았습니다. 얼음 하나에 얼마나 많은 북극곰이나 펭귄이 타야 알맞은 건지, 어떻게 30까지 세는지 아무도 몰랐습니다. 2. many 3. count
해결: 한 어린 북극곰이 "다섯 마리가 얼음 한 덩이에 오르면, 여섯 개의 얼음이 30과 같아질 거예요."라고 말했습니다. 세 덩어리는 북극곰들이, 세 덩어리는 펭귄들이 갖게 되었습니다. 4. equaled 5. pieces
결말: 그들은 북극광을 보러 떠났습니다. 6. sailed

B 빈칸을 채워 요약문을 완성하세요.

북금곰과 펭귄들이 북극광을 보러 가고 싶었습니다. 자리가 겨우 30개 남았습니다. 얼음 하나에 몇 마리의 북극곰과 펭귄들이 알맞은지 그리고 어떻게 30까지 세는 건지 아무도 몰랐습니다. 한 어린 북극곰이 "다섯 마리가 얼음 한 덩어리에 오르면, 얼음 여섯 덩어리는 30과 같아질 거예요."라고 말했습니다. 북극곰과 펭귄의 수를 맞추기 위해 세 덩어리는 북극곰들이, 세 덩어리는 펭귄들이 갖게 되었습니다. 마침내 그들은 북극광을 보러 떠났습니다.

❶ left   ❷ fit   ❸ stepped
❹ even   ❺ penguins   ❻ Finally

A 알맞은 단어를 골라 문장을 완성하세요.

1. 따뜻한 공기와 차가운 공기가 구름 안에서 함께 소용돌이칩니다.
   a. 소용돌이치다 **b.** 발생하다 [a]
   c. 만지다 **d.** 기록하다

2. 극심한 뇌우는 토네이도를 일으킵니다. [c]
   a. 낮은 **b.** 높은
   c. 극심한 **d.** 흔한, 공통의

3. 허리케인은 바다에서 물을 증발시키는 따뜻한 저기압에 의해 발생합니다. [d]
   a. 만들다 **b.** 주다
   c. 파괴하다 **d.** 증발시키다

4. 지구의 궤도와 축의 기울어짐은 서로 다른 네 단계의 태양 에너지를 만듭니다. [a]
   a. 축 **b.** 강도
   c. 색조 **d.** 농작물

5. 지구가 태양 쪽으로 기울어지면서, 지구는 더 많은 햇빛을 받습니다. [b]
   a. 기온 **b.** 햇빛
   c. 나뭇잎 **d.** 농부

6. 산호초는 열대 물고기와 해초가 있는 멋진 전망을 제공합니다.
   a. 몹시 추운 **b.** 얕은 [c]
   c. 멋진 **d.** 다육질의

7. 산호충은 단단한 골격으로 변하는 물질을 만들어냅니다. [a]
   a. 골격 **b.** 영양분
   c. 서식지 **d.** 오염

8. 산호는 조류의 광합성으로 생산되는 부산물을 통해 영양분을 얻습니다. [d]
   a. 생물 **b.** 암석
   c. 청소부 **d.** 부산물

9. 꽃들은 아름다운 꽃잎으로 곤충들을 유혹합니다. [b]
   a. 수분하다 **b.** 유혹하다
   c. 섞다 **d.** 수정시키다

10. 어떤 것들은 사과 같은 과육이 많은 과일입니다. [a]
   a. 다육질의 **b.** 건조한
   c. 딱딱한 **d.** 중요한

B 밑줄 친 부분을 알맞게 고쳐 쓰세요.

1. 폭풍은 모든 기후대에서 발생하는 험한 날씨 중 하나입니다.
   [that]

2. 허리케인은 바다에서 물을 증발시키는 따뜻한 저기압에 의해 발생합니다. [evaporates]

3. 허리케인은 범주 1에서부터 5까지 강도 등급이 매겨집니다.
   [ranked]

4. 지구가 태양 쪽으로 기울어지면서, 지구는 더 많은 햇빛을 받습니다. [As]

5. 지구의 축이 태양 쪽으로 기울어지면서, 더 더워집니다. [as]

6. 많은 사람들은 산호초가 해양 식물 또는 심지어 바위라고 생각합니다. [that]

7. 그 이유는 산호가 영양분을 위해 조류에 의존하기 때문입니다.
   [that]

8. 어떤 것들은 사과 같은 과육이 많은 과일이 됩니다. [are]

9. 어떤 꽃들은 심지어 약으로 먹기도 합니다. [flowers]

10. 어떤 씨들은 바람이 불어 씨들을 주위에 퍼뜨린 후에 쉽게 새 식물이 될 수 있습니다. [of them(삭제)]

A 알맞은 단어를 골라 문장을 완성하세요.

1. 나방은 작은 알로 태어나서 애벌레로 자랍니다. [d]
a. 날개   b. 껍질
c. 진동   d. 애벌레

2. 나비의 색깔은 다른 동물로부터 숨을 수 있도록 도와주는데, 이를 보호색이라 부릅니다. [c]
a. 언어   b. 우주
c. 보호색   d. 변태

3. 우리는 밤하늘에 빛나는 많은 점들을 볼 수 있습니다. [a]
a. 빛나는   b. 중간의
c. 활화산의(활동적인)   d. 단단한

4. 행성은 오직 태양으로부터의 반사되는 빛 때문에 빛납니다.
a. 비교된   b. 반사된 [b]
c. 나타난   d. 움직인

5. 용암이 분출되어 굳어질 때마다 화산은 점점 더 커집니다. [a]
a. 굳어지다   b. 밀다
c. 분출하다   d. 자라다

6. 활화산은 곧 폭발할지 모른다는 신호를 보여줍니다. [d]
a. 지각   b. 원
c. 재   d. 신호

7. 화산의 용암은 식량과 산림을 재배할 수 있는 비옥한 토양으로 바뀝니다. [b]
a. 뜨거운   b. 비옥한
c. 용해된   d. 위험한

8. 진동은 에너지가 물질 내의 원자를 흔들리게 할 때 일어납니다. [c]
a. 만들다   b. 유발하다
c. 흔들다   d. 깨뜨리다

9. 물질이 없는 곳을 진공이라고 합니다. [c]
a. 기술   b. 장벽
c. 진공   d. 소리

10. 음파는 음악, 언어, 우리가 들을 수 있는 모든 소리를 만들어 냅니다. [d]
a. 속도   b. 고막
c. 번개   d. 소리

B 밑줄 친 부분을 알맞게 고쳐 쓰세요.

1. 여러분은 나방과 나비의 차이점을 어떻게 알 수 있나요? [butterflies]

2. 나방과 나비 모두 작은 알로 태어나서 애벌레로 자랍니다. [grow]

3. 애벌레는 짧은 다리가 있는 길고 부드러운 몸통을 가지고 있습니다. [soft]

4. 대부분 별들은 매우 멀리 떨어져 있어 밝은 점처럼 보입니다. [so(very)]

5. 태양은 지구보다 훨씬 더 큽니다. [much]

6. 활화산은 곧 폭발할지 모른다는 신호를 보여줍니다. [erupt]

7. 용암과 가스가 분출될 수도 있습니다. [come]

8. 화산 근처에서 지진이 일어날지 모릅니다. [be]

9. 소리는 모두 물질 내의 진동으로 만들어지는데, 우리가 들을 수 있는 모든 소리를 만들어 냅니다. [creating]

10. 우리는 귀를 이용해서 소리를 들을 수 있습니다. [using]

A 알맞은 단어를 골라 문장을 완성하세요.

1. 로키산맥은 캐나다에서 시작해서 계속 뻗어 내려가 멕시코까지 이어집니다. [a]
  a. 포괄하다   **b.** 보호하다
  c. 정복하다   **d.** 명령하다

2. 천연가스 또한 로키산맥에서 나오는 중요한 자원입니다. [b]
  a. 전선   **b.** 자원
  c. 계곡   **d.** 산맥

3. 중국의 만리장성은 하늘에서 보면 잠자는 거대한 용처럼 보입니다. [c]
  a. 비우호적인   **b.** 가치가 큰
  c. 거대한   **d.** 불공정한

4. 이제 더는 성벽이 경계해야 할 북방의 침략자는 없습니다. [a]
  a. 침략자   **b.** 특징
  c. 진실성   **d.** 대우

5. 조지 워싱턴은 1732년에 버지니아의 저명한 가문에서 태어났습니다. [d]
  a. 평화로운   **b.** 비폭력의
  c. 다양한   **d.** 저명한

6. 조지 워싱턴은 군에 입대했고 훌륭한 지휘관으로 복무했습니다. [b]
  a. 총을 쐈다   **b.** 복무했다
  c. 이름지었다   **d.** 기억했다

7. 식민지 주민들은 영국이 요구하는 공정하지 않은 세금에 저항했습니다. [c]
  a. 소비하는   **b.** 결정된
  c. 요구하는   **d.** 소속된

8. 마틴 루터 킹 주니어는 인종 평등을 위해 일한 위대한 인물이었습니다. [a]
  a. 인종의   **b.** 동일한
  c. 헌신적인   **d.** 전기의

9. 킹 목사의 정의 추구는 그에게 1964년에 노벨 평화상을 안겼습니다. [b]
  a. 불매 운동   **b.** 추구
  c. 색깔   **d.** 시위

10. 전 세계가 킹 목사의 죽음을 애도했습니다. [d]
  a. 끝난   **b.** 도움 받는
  c. 허락 받은   **d.** 애도 되는

B 밑줄 친 부분을 알맞게 고쳐 쓰세요.

1. 로키산맥은 깊은 계곡과 함께 바위투성이 산맥으로 이루어져 있습니다. [are made up]

2. 다양한 금속과 광물은 산맥의 바위에서 발견됩니다. [are found]

3. 구리는 컴퓨터와 같은 제품에 사용됩니다. [is used]

4. 비록 일부분은 파괴되었지만, 그것은 6,437킬로미터에 달합니다. [have been destroyed]

5. 오늘날 서 있는 성벽의 대부분은 명 왕조 동안에 건설되었습니다. [was constructed]

6. 조지 워싱턴은 미국에서 가장 유명한 대통령 중 한 명입니다. [known]

7. 그는 1732년에 버지니아의 저명한 가문에서 태어났습니다. [born]

8. 미국의 수도 'Washington D.C.'는 그의 이름을 따서 지은 것입니다. [named]

9. 아프리카계 미국인은 백인과 같은 상점에서 물건을 사는 것이 허락되지 않았습니다. [to shop]

10. 킹 목사는 시내버스 이용 거부운동을 주도하기로 결심했습니다. [to lead]

Units 13 ~ 16

A 알맞은 단어를 골라 문장을 완성하세요.

1. 전 세계에서 온 이민자들이 미국에 공헌을 해왔습니다. [c]
　a. 결과 　　　　　　　　**b.** 항복
　c. 공헌 　　　　　　　　**d.** 종교

2. 많은 사람들이 풍부한 땅 때문에 미국으로 이주했습니다. [a]
　a. 풍부한 　　　　　　　**b.** 평범한
　c. 연방 정부의 　　　　　**d.** 척박한

3. 현재 미국에는 많은 다양한 민족과 그들의 다양한 문화가 공존합니다. [b]
　a. 빠른 　　　　　　　　**b.** 민족의
　c. 치명적인 　　　　　　**d.** 더 큰

4. 남부의 주들은 목화농장에서 일할 노예들을 계속 소유하고 싶어 했습니다. [b]
　a. 방해했다 　　　　　　**b.** 일했다
　c. 보존했다 　　　　　　**d.** 폭발했다

5. 링컨 대통령은 노예제를 폐지하는 노예 해방 선언문을 공표했습니다. [a]
　a. 공표했다 　　　　　　**b.** 분리했다
　c. 사라졌다 　　　　　　**d.** 오염시켰다

6. 재활용은 매립지로 가는 쓰레기의 양을 줄입니다. [c]
　a. 두다 　　　　　　　　**b.** 구입하다
　c. 줄이다 　　　　　　　**d.** 지속하다

7. 자재들을 수거를 위해 내다 놓거나 재활용 센터에 가져가세요.
　a. 시위 　　　　　　　　**b.** 수거 [b]
　c. 자원 　　　　　　　　**d.** 지역 사회

8. 산타클로스 이야기는 성 니콜라스에 근거합니다. [d]
　a. 되어진 　　　　　　　**b.** 알려진
　c. 채워진 　　　　　　　**d.** 근거한

9. 산타클로스는 아동문학의 풍부한 주제가 되었습니다. [a]
　a. 풍부한 　　　　　　　**b.** 현명한
　c. 현대의 　　　　　　　**d.** 붉은

10. 산타클로스의 신화에는 시를 통해 더 자세한 이야기들이 보태졌습니다.
　a. 신발 　　　　　　　　**b.** 관행 [c]
　c. 세부 사항 　　　　　　**d.** 신발

B 밑줄 친 부분을 알맞게 고쳐 쓰세요.

1. 크리스토퍼 콜럼버스가 미 대륙에 도착한 이후, 첫 이민자들이 새로운 땅으로 이주해 왔습니다. [After]

2. 수십 년 동안 이민자들은 미국에 공헌을 해왔습니다. [Over]

3. 그들은 노예를 계속 소유하기를 원했습니다. [owning]

4. 남부 병사들은 말 타는 것에 능숙했습니다. [riding]

5. 남부는 전쟁 초반에 잘 싸웠습니다. [beginning]

6. 새 제품을 만들어내는 것보다 자재를 재활용하는 것이 에너지를 덜 씁니다. [It]

7. 재활용 된 제품을 사는 것 또한 중요합니다. [to buy]

8. 행동하기에 절대 늦지 않았습니다. [to take]

9. 네덜란드 정착민들은 언제(어떻게) 뉴 암스테르담에 도착했나요? [When(How)]

10. 영국에서 산타클로스는 어떻게 불리나요? [What]

A 알맞은 단어를 골라 문장을 완성하세요.

1. 열 개의 태양의 열기는 너무 뜨거워서 견딜 수 없을 것입니다.
    a. 견디다   **b.** 제공하다   [a]
    c. 파괴하다   **d.** 동의하다

2. 농작물은 시들었고, 강과 호수는 말라갔습니다.   [c]
    a. 걸었다   **b.** 웃었다
    c. 시들었다   **d.** 구조했다

3. 티키 티키 템보는 동생에게 사다리를 가져오라고 소리쳤습니다.
    a. 떨어지다   **b.** 회복하다   [d]
    c. 가르치다   **d.** 가지고 오다

4. 그의 어머니가 무슨 일이 일어났는지 이해하는 데 시간이 꽤 걸렸습니다.   [d]
    a. 세다   **b.** 쥐다
    c. 결정하다   **d.** 이해하다

5. 이것은 중국인들에게 이름을 짓는 관습에 교훈을 주었습니다.
    a. 관습   **b.** 지평선   [a]
    c. 기자   **d.** 하인

6. 어림이란 양이나 가치의 근사치인 계산입니다.   [c]
    a. 원래의   **b.** 약한
    c. 근사치인   **d.** 비어있는

7. 당신은 더 작은 숫자나 양을 기준으로 사용할 수 있습니다.
    a. 병   **b.** 기준(점)   [b]
    c. 인구   **d.** 전략

8. "북극곰은 모두 얼음 덩어리에 오르세요." 대장 북극곰이 지시했습니다.   [a]
    a. 지시했다   **b.** 필요했다
    c. 올랐다   **d.** 세었다

9. 한 어린 북극곰이 대장에게 다가갔습니다.   [d]
    a. 탔다   **b.** 나누었다
    c. 적당했다   **d.** 다가갔다

10. "하나, 둘, 셋, 넷, 그리고 다섯." 동물들은 연호했습니다.   [c]
    a. 보았다   **b.** 알았다
    c. 연호했다   **d.** 같았다

B 밑줄 친 부분을 알맞게 고쳐 쓰세요.

1. 그녀의 태양은 하늘을 가로질러 걸어갔습니다.   [walking]

2. 태양들은 그들이 일으키고 있는 피해를 알지 못했습니다.   [causing]

3. 그의 형의 이름은 너무 길었습니다.   [so long]

4. 동생이 겨우 형의 이름을 말하는 것을 마칠 수 있었습니다.   [barely finished saying]

5. 당신은 에버글레이즈로 날아든 만 이천 마리의 홍학에 관한 기사를 읽어 보았을 겁니다.   [may(can)]

6. 기자는 어떻게 그것들의 숫자를 알 수 있을까요?   [figure]

7. 당신은 구슬을 한 개씩 세지 않고도 구슬의 수를 알 수 있습니다.   [figure]

8. 몇몇은 물에 빠졌고 어찌해야 할지 몰랐습니다.   [to do]

9. 아무도 30까지 어떻게 세는지 몰랐습니다.   [how to count]

10. 어떻게 여섯 개의 얼음 덩어리를 나누는지를 아는 것은 쉬웠습니다.   [share]

Grammar 요목 부가 설명

Unit 1 Severe Weather

관계대명사 that

관계대명사 that이 주격으로 쓰인 경우 that이 이끄는 관계대명사 절 내의 동사는 선행사인 명사(구)의 수에 일치시키고, 주절의 동사 시제에 유의하여야 합니다.

Unit 2 The Four Seasons

접속사 as

접속사 as는 '주어+동사'가 있는 절을 이끄는 종속접속사입니다. '~하면서, 할 때'의 의미를 갖습니다.

Unit 3 Rainforests of the Sea

접속사 that

접속사 that이 이끄는 절은 명사절로 '~하는 것'의 의미를 나타냅니다. know, think, believe, hope 등의 동사의 목적어 자리에 올 수 있습니다. 이때, that은 생략 가능하기도 합니다.

Unit 4 What Flowers Do

대명사 Some

some이 형용사로 쓰인 경우에는 명사(구) 앞에 위치하여 '어떤~, 몇몇~'의 의미를 나타냅니다. some이 대명사일 때는 단독으로 쓰이거나 some of them의 형태로 쓰이기도 합니다. 앞에 나온 명사(구)를 지칭하여 '어떤 것, 몇몇들'의 의미를 나타냅니다.

Unit 5 Butterflies and Moths

접속사가 연결하는 것

and, or, but 등과 같은 등위접속사는 문법적으로 형태와 역할이 대등한 단어나 구, 절을 연결합니다. 예를 들어, 연결되는 명사(구)는 수가 같아야 하고, 동사(구)는 시제가 같아야 합니다.

Unit 6 Stars and Planets

부사: so, very, much

부사 so는 형용사 앞에 위치하여 형용사를 강조하는 역할을 하거

나 'so ~ that…'의 구문에서는 '너무 ~해서 …하다'의 의미를 나타냅니다. 부사 very는 형용사 앞에 위치하여 형용사를 강조하는 역할을 합니다. 부사 much는 비교급 형용사 앞에 쓰여 비교급 형용사를 강조하는 역할을 합니다.

Unit 7 Volcanoes

조동사: can, may

조동사는 동사 앞에 쓰여 추가적인 의미를 더하는 역할을 하며, 조동사 뒤에는 반드시 동사원형이 와야 합니다. can은 '~할 수 있다(가능성), ~할 줄 안다(능력), ~해도 된다(허락)' 등의 의미를 나타냅니다. may는 '~일지도 모른다(가능성), ~해도 좋다(허락)' 등의 의미를 나타냅니다.

Unit 8 Sound

동사 vs. 현재분사

동명사와 현재분사 둘다 '동사원형+ing'의 형태입니다. 동명사는 명사 역할을 하여 주어, 목적어, 전치사의 목적어 자리에 쓰입니다. 현재분사는 명사를 수식하는 형용사의 역할을 하거나, be동사와 함께 쓰여 진행형을 만들기도 합니다. '주격 관계대명사+be동사'는 생략이 가능한데, 생략 후에 진행형을 만들었던 현재분사만 남게 되는 경우도 있음에 유의합니다.

Unit 9 The Rocky Mountains

수동태 (be+p.p.)

수동태는 주어가 동사의 동작이나 행위를 하는 것이 아니라 그 영향을 받는 대상일 경우에 씁니다. 'be+p.p.'의 형태이며, 주어의 수와 시제에 be동사를 일치시켜야 함에 유의합니다.

Unit 10 The Great Wall of China

주어-동사 일치

한 문장 내에서 주어의 수에 맞추어 동사를 일치시켜야 합니다. 주어 역할을 하는 명사(구)에 전치사나 관계대명사가 있는 경우에 특히 유의하여 주어를 정확히 찾아 수를 파악해야 합니다. 'There be ~' 구문에서는 be동사 뒤에 나오는 명사(구)에 be동사의 수를 일치시켜야 합니다.

Unit 11 George Washington: The First President

과거분사

과거분사는 '동사원형+-ed'의 형태이거나 불규칙 변화하는 형태가 있습니다. 수동의 의미와 완료의 뜻을 나타냅니다. 수동태, 현재(과거)완료의 시제를 만들기도 합니다. 또한 형용사처럼 명사의 앞이나 뒤에서 명사를 수식하거나, 보어로 쓰이기도 합니다.

Unit 12 Martin Luther King

to부정사를 목적어로 갖는 동사

to부정사(to+동사원형)를 목적어로 갖는 동사로는 allow(허락하다), decide(결심하다), hope(원하다), help(돕다) 등이 있습니다. 이때 to부정사(구)는 '~하기를'로 해석되며, 명사적 용법으로 쓰인 것 입니다.

Unit 13 Immigrants to America

시간과 관련된 전치사와 접속사

after는 전치사, 접속사로 쓰이며 '~후에'라는 의미를 갖습니다. over는 전치사로 '~하는 동안, ~이상', during은 전치사로 '~동안에'라는 의미입니다. toward는 '~무렵, ~쯤'이라는 의미의 전치사입니다.

Unit 14 The Civil War

동명사 (동사원형+ing)

동명사는 '동사원형+ing'의 형태로 문장에서 명사처럼 쓰입니다. 명사가 하는 역할인 주어, 보어, 목적어 역할을 합니다. 동명사를 해석할 때는 '~하기, ~하는 것'으로 하면 됩니다.

Unit 15 Recycling: A way to Save

가주어 it

주어 부분이 길어질 경우 주어 역할을 하는 to부정사를 뒤로 보내고 가짜 주어인 it을 주어 자리에 쓰기도 합니다. 가짜 주어인 it을 가주어, to부정사를 진주어라고 하며, 가주어 it은 해석하지 않습니다.

Unit 16 Who Is Santa Claus?

의문사

궁금한 것에 대해서 물어볼 때 의문사를 쓰는데 궁금한 것이 무엇이냐에 따라서 알맞은 의문사를 사용해야 합니다. who는 누구인지, what은 무엇인지, when은 언제인지, where은 어디인지, how는 어떻게 혹은 얼마나 인지, why는 왜인지 물을 때 사용합니다. 의문사가 쓰인 의문문은 '의문사+be동사+주어~?' 혹은 '의문사+do+주어+동사~?'의 어순입니다.

Unit 17 The Ten Suns

과거 진행형

과거 진행형은 '~을 하고 있었다' 라는 뜻으로 과거의 특정한 때에 진행 중이었던 일을 나타냅니다. 'was(were)+~ing'의 형태로 씁니다. 주어의 수에 따라 be동사 사용에 유의합니다.

Unit 18 Tikki Tikki Tembo

부사

부사는 형용사, 동사, 부사 또는 문장 전체를 더 자세하게 설명하고 꾸며주는 역할을 합니다. 주로 꾸며주는 말 앞이나 뒤에 위치합니다.

Unit 19 Using Estimation Strategies

조동사: may, can

조동사 may는 가능성을 나타내어 '~일지도 모른다'라는 의미입니다. 조동사 can은 가능·능력을 나타내어 '~할 수 있다'라는 의미입니다. 조동사 뒤에는 동사원형이 나와야 합니다.

Unit 20 They Travel in Fives

의문사+to부정사

'의문사+to부정사'에서 의문사에 따라 '(의문사) ~할지'라는 의미로 사용합니다. what to~는 '무엇을 ~할지', where to~는 '어디로 ~할지', when to~는 '언제 ~할지', how to~는 '어떻게 ~할지'의 의미입니다. '의문사+to부정사'는 명사구로 주어, 목적어, 보어 역할을 합니다.

미국교과서 READING Level 5 권별 리딩 주제

1권 5.1

1. Earth's Land
2. Earth's Water
3. Animals
4. Earth's Land
5. Animals
6. Our Earth
7. Weather
8. Forces and Energy
9. Earth's Physical Geography
10. American History
11. Figures in American History
12. Figures in American History
13. Cultures in the United Statesd
14. American History
15. Community
16. World History
17. Folktale
18. Myth
19. Numbers
20. Counting

2권 5.2

1. Weather and Climate
2. Seasons
3. Ecosystems
4. Plants
5. Animals
6. The Solar System
7. Geology
8. Matter
9. Earth's Physical Geography
10. World History
11. Figures in American History
12. Figures in American History
13. American History
14. American History
15. Environment
16. Culture
17. Legend
18. Folktale
19. Estimation
20. Counting

3권 5.3

1. Weather and Climate
2. Environment
3. Living Things
4. Plants
5. Animals
6. The Solar System
7. Geology
8. Matter
9. Earth's Physical Geography
10. World History
11. Figures in American History
12. American History
13. World History
14. Natural Disasters
15. Environment
16. Culture
17. Fiction
18. Folktale
19. Fractions
20. Numbers